생각을 바꾸면

공동체와 다음세대를 함께 생각하는

생각을
바꾸면

황 대 연 지음

W미디어

엊그제 어린이 주일학교의 지환이가 맹장 수술을 하느라 병원에 입원을 했다는 이야기를 들었습니다. 지환이는 우리 교회 유치부 때부터 다니던 아이로 지금은 6학년입니다. 유난히 개구쟁이인 녀석은 얼마 전 의리 없게도 가까운 한가족교회를 떠나, 친구를 따라 멀리 버스를 타고 가야 하는 어느 교회로 가버렸습니다.

그래도 지환이 엄마는 여전히 한가족교회에 나오시는데, 지환이는 교회의 어린이행사를 하면 가끔씩 얼굴을 비치곤 했습니다. 어쨌든 지환이는 그렇게 병원에 입원을 했고, 맹장 수술을 했습니다. 저는 며칠 분주한 일이 있어 그의 어머니와 통화만 하고 못 가봤는데, 통화 중에 요즘은 의료술이 발달해서 예전과 달리 맹장 수술 정도는 배를 째지 않고도 복강경으로 간단하게 흉터 없이 하며, 입원기간도 3~4일 정도로 매우 짧다는 이야기를 듣습니다.

오늘 새벽에 기도하는데, 퇴원하기 전에 지환이를 봐야겠다는 생각이 들었습니다. 그래서 음료수를 사들고 병원을 찾았는데, 지환이가 벌떡 일어나더니 "우와! 두목님!" 하고 반깁니다. 갑자기 8인 병실의 이목이 내게로 집중됨을 느낍니다. 마침 토요일 쉬는 날이라 병상을 지키고 있던 지환이 아빠는 이 뭔 소린가 하여 분위기 파악을 하느라 안 그래도 좀 큰 눈을 끔뻑입니다.

"그래, 쫄따구! 좀 괜찮냐? 학교 안 가니까 좋지?"

저는 주변 시선이야 어떻든, 두목답게 부하의 어깨를 툭툭 치면서 한마디 합니다.

지환이는 몇 년 전부터 저를 향해 목사님 대신 '두목님'이라고 부르기 시작했습니다. 아마 〈짱구〉 만화의 영향인 듯합니다. 누가 있든 없든 많은 사람들 앞에서 나를 향해 두목이라고 부르는 통에 처음에는 좀 거슬렸지만, 아이가 나를 좋아한다는 표현이겠거니 하고 생각을 고쳐먹으니까 들을 만했습니다. 어린 쫄따구와 잠깐 이야기를 합니다.

"너, 요즘 교회 잘 다니냐?"

"아뇨, 늦잠자서 못 갔어요."

"그래. 그럼, 가까운 한가족교회로 다시 나와라!"

"예, 학교 졸업하면 중등부 때부터 다시 나갈 게요."

저는 지환이 아빠와 잠시 이야기를 합니다. 지환이 아빠는 교회는 다니지 않지만, 지난번에 예배당 이전할 때 일손 바쁜 저녁에 일부러 교회에 들러 전등을 달아주기도 했었습니다.

"요즘 어떠세요?"

"좀 바빴습니다."

"그래요? 시간 나시면 한 번 교회 오세요. 다음 주 토요일에는 남자 순모임에서 가까운 소래산으로 등산 가기로 했습니다. 한 번 만납시다."

"예, 알겠습니다."

저는 지환이 아빠가 지금 대답은 시원하게 하지만 막상 교회에 나오는 것은 시원치 않을 것이라고 속으로 생각해봅니다. 하지만 지환이 때문에 평소 얼굴보기 쉽지 않은 지환이 아빠를 만난 것은 그래도 좋은 기회였다고 생각합니다.

두목자리, 명칭은 좀 그렇지만 한동안 '지환이의 두목 자리는 계속 유지해야겠다는 생각을 해봅니다. 그런데 이 쫄따구가 중학교, 고등학교에 올라가서도 계속 나를 '두목님'이라고 부를라나요…

이 책에 실린 제 글들은 대부분 이런 식입니다. 그냥 교회 이야기, 그것도 제가 경험한 개척 교회 이야기들입니다.

어린 시절 읽었던 동화 중에 '임금님 귀는 당나귀 귀'라는, 말을 못해 속이 터질 것 같던 이발사 이야기를 기억하시나요? 이 글들은 이 땅의 흔하디 흔한 개척 교회들처럼 저 역시 어느 상가 지하실에서 개척 교회를 목회하면서 목사로서 제 자신이 어디다 말하기도 그렇고, 말을 안 하자니 속에서 울화병이 걸릴 것 같아서 마치 대나무 숲속을 찾아들어가 "임금님 귀는 당나귀 귀"라고 마음껏 외쳤던 그 이발사처럼 인터넷 글방에다가 털어놓았던 글들입니다. 그리고 몇몇 글들은 작은 개척 교회 목사도 생각을 하며 산다는 식으로 주저리주저리 늘어놓은 이야기들입니다.

어쨌든 목사도 때리면 아프고, 찌르면 피가 나는 인간이라고 말하고 싶었습니다. 그런데 마음 후련해지고 싶어서 털어놓다보니 가슴 저 밑바닥에서부터 올라오는 음성이 하나 있었습니다. 그것은 이 교회가 네 교회가 아니라 내 교회라는 주님의 음성이었습니다. 정말 속이 터질 것 같고, 답답하신 분은 오히려 나보다는 주님이시라는 것! 교인들도 그렇지만 한 교회를 맡아 섬기는 목사라면서도 여전히 철딱서니 없는 내 모습은 또 얼마나 주님의 마음을 힘들게 했던지요.

이 글들이 책으로 묶여지리라는 생각은 상상도 하지 못했습니다. 그러나 누군가에게 읽혀질 수 있도록 책이 되어 세상에 나온다니 감사밖에 없습니다.

책으로 묶는다는 말씀을 듣는 순간부터 지금까지 하루도 빠지지 않은 기도 제목이 하나 생겼습니다. 솔직히 말씀드리면 아직도 지하실 교회, 그리고 교인들도 그동안 늘었다고는 하나 아무리 넉넉하게 헤아려도 200여 명 정도의 작은 교회인데 공연히 이 책으로 인해 출판사를 비롯해서 여러 사람 힘들게 하지는 않을까 하는 생각 말입니다. 정말, W미디어의 P집사님 말씀처럼 제가 하지 않아도 되는 공연한 걱정이었으면 좋겠습니다. 그리고 그런 중에도 개척을 준비하는 분들, 작은 개척 교회를 섬기시는 분들에게 이 글들이 격려가 되고, 위로가 되었으면 좋겠습니다.

황대연

| 차 례 |

제1부

예수를 찾는 사람들

1. 묶는 말, 푸는 말

어떤 사람을 처음 만났을 때 받는 느낌이 있습니다. 그것을 우리는 '첫인상'이라고 합니다. 첫인상은 그동안 우리가 살아오면서 경험하고 만난 사람들에 대한 이미지가 데이터화되어 어떤 사람을 겪어 보기도 전에 그 사람의 됨됨이를 미리 짐작해보는 일종의 선입견(先入見)입니다. 하지만 우리의 부족한 안목 까닭에 첫인상이 언제나 맞아 떨어지는 것은 아닙니다. 첫인상은 좋았으나 지나면서 별로인 사람, 첫인상은 좀 그랬으나 지나면서 구수한 진국처럼 호감이 가고 매력이 드러나는 사람이 있기 때문입니다.

그럼, 우리는 그 사람의 됨됨이를 어떻게 알 수 있을까요?

사람 따라 저마다 사람을 보는 기준이나 안목이 다를 수 있겠지만 저는 '사람은 말(言)로 본다'는 생각을 가지고 있습니다. 즉, 그 사람이 사용하는 말을 통해 사고방식이나 인격, 가치관, 철학 등 그 사람의 됨됨이를 어느 정도는 알 수 있다고 생각합니다.

말에는 '묶는 말' 과 '푸는 말' 이 있습니다.

어느 집에 사랑하는 아내가 저녁에 귀가할 남편을 기다리며 정성스럽게 된장찌개를 보글보글 끓였습니다. 이윽고 남편이 도착했고, 저녁식사를 하기 위해 식탁에 앉은 그는 된장찌개를 한 술 떠서 맛을 보았습니다. 아내는 그런 남편의 모습을 사랑스러운 눈빛으로 바라보았습니다. 그런데 남편의 표정이 일그러지더니 말합니다.

"된장찌개가 왜 이렇게 짠 거야! 당신, 나하고 결혼한 지 벌써 몇 년인데 아직도 된장찌개 하나 제대로 못 끓여! 우리 엄마한테 가서 좀 배우지 그래!"

이 말을 들은 아내의 반응을 살펴봅시다.

◆**아내의 반응1.** (미안해하는 표정으로) "어머, 그래요! 된장찌개가 짜졌어요? 어쩌나… 미안해요, 당신이 언제 올까 기다리면서 불에 올려놨다 내렸다 하다 보니 좀 짜졌나보네요. 다음엔 잘 끓일 게요. 그리고 제가 어떻게 어머님 솜씨를 따라 가겠어요. 다음에 어머님께 여쭤보고 비법을 전수 받아 더 맛있게 끓일 수 있도록 노력해볼 게요. 오늘은 그럼 다른 반찬을 드세요."

◆**아내의 반응2.** (치밀어 오른 열기로 머리에 김이 모락모락 나면서) "뭐어? 그래, 먹지 마! 남자가 밥상머리에 앉아서 쪼잔하게 반찬투정이나 하고. 어머니한테 가서 배우라고? 그래에~ 니네 엄마한테 가서 밥 먹고 와! 내 두 번 다시 너를 위해 된장찌개 끓이나 봐라!"

반응 1은 사건을 '풀어내는 말'입니다. 문제될 게 하나도 없고, 남편 역시 '내가 좀 너무했나' 하는 반성을 하게 됩니다. 상처받을 게 하나도 없습니다.

그러나 반응 2는 사건을 더욱 엉키게 만들고 안 풀리도록 '묶어내는 말'입니다. 또 다른 사건으로 발전하게 만듭니다. 이런 말을 들은 남편은 밥상을 엎고 싶은 충동을 일으킵니다. 조금씩 강도 높은 가정불화로 발전해가는, 그야말로 사태를 악화시킵니다.

그런데 유감스럽게도 우리는 '푸는 말'보다는 '묶는 말'에 많이 익숙해져 있는 것 같습니다. 옛 속담에도 '말 한 마디에 천 냥 빚을 갚는다'고 했고, '김 서방이 썬 고기가 백정 김가가 썬 고기보다 많다'는 말도 있지 않습니까.

우리 주님께서도 '진실로 너희에게 이르노니 무엇이든지 너희가 땅에서 매면 하늘에서도 매일 것이요 무엇이든지 땅에서 풀면 하늘에서도 풀리리라(마태복음 18:19) 말씀하셨습니다. 풀지 못해 응어리지고 맺히면 정신 건강도 안 좋고, 울화병도 걸리고, 또 한(恨)으로 남기도 하니까 하나님의 은혜를 생각하면서, 또 우리 주님을 깊이 생각하면서 어느 상황이든지 잘 풀어내는 말을 할 수 있었으면 참 좋겠다는 생각입니다.

결국 우리에게 남는 건, 그리고 우리가 붙잡을 것은 '하나님의 은혜' 밖에 없기 때문입니다.

2. 생각을 바꾸면

K집사는 회사 출장으로 열차를 타고 장거리를 가고 있었습니다. 자기 좌석을 확인 후 자리에 앉자마자 그는 일상의 피곤함에 눈을 붙이려 하였습니다. 그런데 마주 앉은 좌석의 대여섯 살쯤은 되어 보이는 어린 아이 하나가 비좁은 좌석 사이를 왔다 갔다 하며 부산스럽게 움직이기 시작했습니다. 그 와중에 아이는 그의 발을 차기도 하고, 어깨를 건드리기도 했습니다. 조그마한 장난감 자동차를 가진 아이는 연신 입으로 자동차 소리를 내며 놀고 있었습니다.

특별히 아이를 싫어하는 것은 아니었지만 K집사는 아이의 성가심에 서서히 인내심의 한계에 다다르는 것을 느끼고 몇 번 인상을 찌푸리며, 그 아이의 부모에게 아이를 좀 단속하라는 눈치를 주었습니다.

그러나 아이의 부모는 아이가 그러거나 말거나 무관심한 듯 전혀 제지할 생각을 하지 않고 있었습니다. 마침내 화가 머리끝까지 치밀어 오른 K집사는 그 아이의 아버지로 보이는 사람을 향해 입을 열었습니다. 그 와중에도 지성인답게 최대한의 인내심과 인격을 가져야 한다는 생각을 했음은 물론입니다.

"선생님, 저 아이가 선생님의 아이가 맞습니까?"

"예…"

"아이가 열차에서 저렇게 소란을 떨면 다른 사람들에게 피해가 된다는 것을 모르시지는 않으실 텐데요?"

"아, 예…"

아이의 부모는 의외로 순순하게 대답을 했습니다.

그가 또 다른 말을 하려고 할 때, 아이의 아버지는 눈시울이 붉어지며 말을 이었습니다.

"…죄송합니다. 조금 전에 어머니를 무덤에 모시고 왔습니다. 제가 경황이 없어서…"

그 순간이었습니다. 화가 머리끝까지 치밀어 올랐던 K집사의 마음에 조금 전까지 일었던 짜증이나 화나는 감정은 온데간데없이 사라지고, 대신 미안한 마음이 밀려들기 시작했습니다.

"아, 그랬군요…"

1. 무엇이 달라졌는가?

K집사를 성가시게 한 아이나, 부모로서 그를 단속하지 않은 열차 속의 이 상황은 누가 보더라도 공중도덕에도 어긋나고 화가 나는 상황입니다. K집사도 그런 생각이었고, 그래서 이것을 따지며 바로잡으려 했던 것입니다.

그런데 아이의 아버지로부터 어머니를 무덤에 묻고 오는 길이라는 이야기를 듣고 생각이 달라진 것입니다. 오히려 그의 황망한 상황을 이해하게 되었고, 그에게 화를 내며 따지려 했던 마음이 미안해졌으며, 아이를 방치한 그 상황이 이해가 되기 시작한 것입니다.

2. 생각을 바꾸면 감정도 바꿀 수 있다

우리가 분노하는 수많은 이유들을 보면 내가 알고 있는 객관적인 규범이나 원칙, 또는 상식 등으로부터 벗어나기 때문일 때가 많습니다. 그러나 눈에 보이는 어떤 일들에는 그 일이 있기 전의 어떤 이유들을 담고 있기 마련입니다.

주님께서는 겉으로 드러난 일의 현상뿐 아니라 중심(中心)을 보시는 분이십니다. 그리스도인들은 중심을 보시는 그리스도를 믿고 따르며, 닮아가는 사람들입니다. 따라서 지금 내게, 그리고 내 주변에서 벌어지는 일들에만 급급하게 감정적으로 반응을 하기보다는 조금 더 생각해보고 한 템포 늦게 반응을 보일 필요가 있습니다.

느껴지는 대로 감정적으로 반응을 보이기보다는 조금만 더 참고, 조금만 더 기다려보면 그 일의 이유들을 알 수 있게 되고, 한편으로는 이해도 해줄 수 있으며, 따라서 실수들도 그만큼 줄일 수 있겠다는 생각입니다.

목회를 하다 보니 사람에 대한 이해는 참 인내가 필요한 작업이라는 것을 해가 거듭될수록 절감하게 되는 것 같습니다.

3. 예배당을 팔겠다고 하다가

　새로운 장소로 예배당을 이전하고 나서, 먼저 사용하던 구 예배당을 처리하는 문제를 놓고 교인들 간에 의견이 엇갈렸습니다. 한 쪽은 한가족교회가 지금 추세로 나가면 머지않아 예배당이 좁아질 것인데, 우리가 나중에 이런 건물을 구입하자면 쉽지 않으니 팔지 말고 교육관으로 그냥 쓰자는 의견이었고, 다른 한 쪽은 지금의 경제 위기 속에 교회 이전으로 인해 떠안은 은행 융자의 이자부담이 적지 않으니 구 예배당을 팔아 원금의 일부를 상환하고, 이자부담을 좀 줄이는 것이 좋겠다는 의견이었습니다.

　담임목사인 저는 두 번째 의견이 좋다고 생각했습니다. 나중에 예배당이 비좁아져 좀 불편하게 지내는 한이 있더라도 성도들의 귀한 헌금들이 은행 이자로 나가지 않았으면 했고, 한 걸음 더 나아가 은행 이자로 나가는 그것을 돌려 선교사 몇 분을 더 후원하는 일에 쓰는 것이 좋겠다고 생각했습니다.

그러나 막상 그동안 정들었던 구 예배당을 팔아야겠다고 생각하니 많은 눈물과 기도, 그리고 추억이 담긴 곳이라 선뜻 마음이 내키지 않는데 주변에서 합기도장으로 달라, 또는 아파트 입주민들을 대상으로 하는 에어로빅 센터로 쓰겠다, 헬스클럽으로 달라는 등 주로 운동시설과 관련된 사람들이 임대를 요청하는 연락이 오고 있습니다. 이들이 들어오면 교회의 시설물들을 다 뜯어내야 함은 자명한 일입니다.

저는 단호하게 거절합니다. 성도들이 눈물로 기도하며 정성껏 드린 헌금으로 강단을 꾸미고, 예배를 드릴 수 있게 시설한 것을 이렇게 뜯어내는 것은 하나님 앞에 죄송한 마음이 들었고, 성도들 앞에도 도리가 아닌 것 같다는 생각이었고, 그리고 아직도 이 지역에 예수 모르는 사람들이 많은데 기왕에 들어오려면 교회가 들어와야 한다는 생각 때문이었습니다.

그래서 기독교인들뿐 아니라 목회자들도 자주 드나드는 H포털사이트에다 광고를 냈고, 그 후 여러 목사님들로부터 전화를 받거나, 교회를 보러 오시는 목사님들(주로 교회 개척에 관심이 있는 분들)을 만나게 되었습니다. 그런데 이렇게 여러 목사님들을 만나다보니 몇 가지 문제점들을 발견하게 되었습니다(지금부터 쓰는 내용은 제 개인적인 생각이 그렇다는 것이니 오해 없으시기 바랍니다).

1. 목사님들이 너무 기도를 하지 않는다

어느 날, 젊은 K목사님이 찾아오셨습니다. 어느 교회 부목사 생활을 하다가 이제 교회를 개척하겠노라고 결심을 하신 분이었습니다.

19

이들 부부는 예배당이 너무 마음에 든다며 돌아가서는 그 날 밤으로 500만 원을 한가족교회 계좌로 보내왔습니다. 저는 오서서 계약서를 쓰자고 했는데, 아직 본교회에서 개척을 내보내는 결정을 하지 않았으므로 조금만 기다려 달라고 합니다. 그러니까 이 분은 충동적으로, 행여나 다른 사람에게 나갈까봐 우선 맡아 놓고 보자고 돈부터 보내신 것입니다.

결국 이 분은 두 달 동안을 그렇게 남의 예배당을 잡아만 놓고 있더니 다른 조그마한 교회에 담임목사로 부임해 가게 되었고, 계약은 없던 일로 되어 버렸습니다. 일반 상거래 같으면 이런 경우 돈을 떼이거나 돌려받더라도 상당액을 위약금으로 배상해도 할 말이 없는 처지일 것입니다.

저는 아직 젊은 목회 초년생임을 생각하고 염려 마시라며, 다른 계약자가 오면 돌려드리겠다고 부드러운 말로 안심을 시켜드리긴 했지만, 목회지를 선정하는데 있어 기도 없이, 하나님의 인도하심 없이 너무 감정적이고 즉흥적인 모습에 입맛이 씁쓸했습니다.

2. 목사님들이 너무 믿음이 없다

저는 이곳에서 개척 목회를 하면서 한 영혼, 한 영혼을 만나가며 지금 부흥해서 교회가 비좁아 이사를 나간 것입니다. 매우 당연한 말씀입니다만, 하나님께서 지하실이라고 안 계실 리 없습니다. 로마의 카타콤 지하에서도 하나님의 복음은 능력 있게 뻗어 나갔습니다.

이미 광고에다 지하에 자리한 예배당임을 밝혔음에도 찾아와서는 지하실이라 안 된다는 말씀들을 하시는 것을 보면, 안타깝다 못해

안 될 줄로 믿는 이런 분이라면 오셔도 문제요, 그런 교회에 과연 하나님께서 영혼들을 붙여주시겠는가 하는 생각이 드는 것입니다. 차라리 이런 분은 안 오시는 편이 낫겠다는 생각이 들어 저 역시 별 말씀 드리지 않습니다.

교회를 개척하면서 언제부터 목 좋은 곳을 찾고, 이런 저런 조건들을 찾기 시작하게 되었는지 모를 일입니다. 이런 목회자들로부터 영향을 받는 교인들이, 그리고 한국 교회가 약해 빠지고 믿음의 담력이 없이 무기력한 것은 오히려 당연한 일일 겁니다.

3. 목사님들이 세상 물정을 너무 모른다

예배당 건물을 팔겠다고 광고를 내면서 얼마 받기를 원하는지 파는 사람이 희망 가격을 밝히는 것은 헛걸음을 방지하도록 하는 최소한의 예의라고 생각했습니다. 그런데 찾아와서는 마음에는 드는 데 돈이 없다며 절반 이하의 가격으로 달라고 부르시는 분이 있습니다. 시세가 있는 것이고, 그동안 정성들여 시설한 모든 시설물들은 값을 논하지 않고 다 드리겠다는데도, 제가 무슨 영리를 목적으로 하는 장사꾼도 아니고, 무슨 경매도 아닌 터에 이건 상식 이하입니다. 한두 분이 아니라 이런 경우를 몇 차례 겪다보니 처음엔 참 민망하고 속이 상했습니다만, 지금은 오히려 마음이 안타깝고 걱정스럽기 그지없습니다.

가까운 부동산중개소에 들러 한 번 물어보기만 해도 되는 것을, 목사님들이 세상 물정에 어두워도 너무 어두운 것입니다. 지금 성도들이 살고 있는 세상은 눈 감으면 코를 베어간다는 정도를 넘어 얼마나

치열한 세상인데, 그렇게 자기 주관적인 느낌만으로 너무 순진하게 살아가시는 분이 성도들의 아픔을 얼마나 헤아릴 수 있을까 하는 생각이 드는 것입니다.

■ 그럼 너는?

글을 쓰다 보니 예배당 건물을 팔겠다고 몇 달 동안 지내오면서 들었던 불평이 되어 버렸습니다. 사실, 위에 조목조목 불평한 내용들은 전부 제 자신에게 해당되는 말씀들입니다. 저도 얼마나 즉흥적이고, 기도하지 않고 결정을 하곤 하는지…

솔직히 말씀을 드리면, 저도 구 예배당 건물을 팔겠다고 결정함에 있어 기도하며 하나님의 뜻을 여쭙지 않았습니다. 귀한 헌금이 은행 이자로 나가는 것이 아깝고, 차라리 선교비로 나가는 것이 마땅하지 않겠는가 하는 재정에 대한 효율성, 그리고 합리성이 하나님의 뜻을 여쭙는 것보다 우선이 되었던 것입니다.

두 번이나 계약 직전에 결렬이 되는 모습을 보면서 저는 이제야 하나님의 얼굴을 올려다봅니다. 그리고 언젠가 읽었던 뉴기니 선교사의 〈파인애플 이야기〉가 생각이 났습니다.

뉴기니(Dutch New Guinea)의 밀림 지역에서 선교하던 선교사 부부 이야기입니다. 선교사는 의사였습니다. 그는 의료 선교를 하면서 파인애플 묘목을 심었습니다. 3년을 기다려 파인애플을 따러 밭에 나갔습니다. 하지만 익은 파인애플이 하나도 없었습니다. 원주민들이 채 익기도 전에 따갔던 것입니다.

선교사는 화를 내며 말했습니다.

"만일 당신들이 계속해서 파인애플을 훔쳐 간다면 나는 병원 문을 열지 않을 것이오!"

그러나 원주민들은 계속 해서 파인애플을 훔쳐 갔습니다.

선교사는 그들의 나쁜 버릇을 고치기 위하여 원주민들을 위해 운영하던 병원 문을 닫아 버렸습니다. 그러자 그들이 병원 문을 열어달라고 애원하였습니다. 선교사는 마지못해 문을 다시 열었습니다. 그러나 그들은 파인애플을 또 훔쳐 갔습니다.

선교사는 파인애플을 훔쳐간 사람 중의 한 명이 자기 밭에 파인애플을 심어준 청년이란 사실을 알았습니다. 그를 불러 호되게 야단을 쳤습니다. 그러자 그는 파인애플이 자기 것이라고 말하는 것이었습니다. 그곳 밀림에서는 나무를 심은 사람이 그 임자이기 때문에 심은 자기가 소유자라는 주장이었습니다.

생각다 못하여 선교사가 제안하였습니다.

"밭의 절반을 네게 주겠다. 절반 밭에서 나온 것은 네 것이고, 나머지 반은 내 것이다. 내 것만은 훔치지 말아라!"

그러나 파인애플은 여전히 도둑맞고 있었습니다. 선교사는 청년에게 파인애플 나무를 모두 줄 테니 너의 밭에 옮기고, 더 이상 훔치지 말라고 했습니다. 그러자 청년은 옮겨 심는 인건비를 달라고 하였습니다. 선교사는 화가 났지만 그렇게 하겠다고 하였습니다.

청년이 다시 말했습니다.

"내 밭에는 다른 식물이 심어져 있어 옮겨 심을 수가 없습니다. 다른 밭을 사게 밭 값을 주십시오."

화가 치밀어 오른 선교사는 파인애플 나무들을 뿌리째 뽑아버리고 말았습니다. 그러고는 새 파인애플을 자기가 직접 심었습니다.

"이제는 내 밭에 내가 심었으니 내 것이다. 건드리지 말아라!"

이렇게 원주민들에게 선언하였습니다.

3년이 지나자 파인애플은 다시 열매를 맺기 시작하였습니다. 그러나 원주민들은 여전히 파인애플을 훔쳐 갔습니다.

화가 난 선교사는 이번에는 상점 문을 닫아 버렸습니다. 생필품을 구입할 수 없게 된 그들은 원래 살던 밀림으로 돌아가고 말았습니다.

파인애플 도적은 없어졌지만 일감도 없어졌습니다. 하는 수 없이 상점을 열자, 그들은 다시 돌아왔습니다. 그러나 파인애플을 훔쳐가는 것은 역시 마찬가지였습니다.

선교사는 궁리하다 독일산 셰퍼드를 한 마리 샀습니다. 사나운 개였습니다. 셰퍼드 때문에 아무도 밭 근처에 얼씬할 수 없게 되었습니다. 그러자 그들은 가게 문을 닫았을 때와 마찬가지로 밀림으로 돌아가고 말았습니다.

하는 수 없이 그가 셰퍼드를 처분하자, 그들은 돌아와 파인애플을 훔쳐 갔습니다.

어느 날, 선교사는 깨달은 바가 있었습니다. 자기 마음대로, 자기 아이디어대로 살았던 것을 회개하였습니다. 선교사는 파인애플 밭 가운데 서서 이렇게 기도하였습니다.

"주님! 이 파인애플 때문에 싸움도 많이 했고, 화도 많이 냈습니다. 이 파인애플은 내 것이라며 정당한 권리라고 주장하기도 했었습니다. 이 모든 것이 저의 잘못임을 깨닫습니다. 이 파인애플 밭은 주님 것입니다. 주님께 드립니다."

그리고 집으로 돌아왔습니다. 원주민들은 끊임없이 파인애플을 훔쳐 갔습니다. 그러나 그는 더 이상 화를 내지 않았습니다.

그러던 어느 날 원주민들이 찾아와서 말했습니다.

"당신이 그리스도인이라는 것을 이제 알았습니다. 당신은 파인애플 때문에 화를 내고 있지 않기 때문입니다."

선교사는 파인애플 농장의 모든 권리를 포기하였고, 이제부터 파인애플 농장은 하나님의 것이라고 원주민들에게 말을 하였습니다.

그런데 그 다음부터 원주민들이 파인애플을 훔쳐 가지 않았습니다. 왜냐하면 이제 그들은 파인애플을 훔쳐 가면 하나님의 것을 훔치는 것이 되기 때문이었습니다.

선교사는 잘 익은 파인애플을 원주민들과 함께 나누어 먹으면서 즐거워하였습니다. 원주민들은 선교사의 변화를 보면서 예수님을 믿기 시작했습니다.

하필 계약서를 꾸미다가 깨지던 날, 이 이야기가 생각이 날 건 또 뭡니까.

"목사님, 너무 상심하지 마세요. 계약서 다 쓰고 돈을 놓고도 마음이 변해 틀어지는 경우도 많아요."

일부러 시간을 내어 왔던 부동산중개사인 교회의 J성도님은 뭔가 저를 위로해야겠다는 생각이 들었는지 한 마디 말을 건넵니다. 저는 그 말에 건성으로 대답하고, 그 파인애플 선교사처럼 예배당 건물 뒤편을 혼자 거닐면서 하늘을 보며 말했습니다.

"하나님, 그동안 제가 혼자 모든 책임을 지고 부동산 광고도 내고, 사람도 만나고, 이런저런 설명도 하고 했던 모든 것을 회개합니다. 이 예배당 처리 문제를 하나님께 맡깁니다. 저는 오늘부로 내려놓겠습니다. 성도들의 헌금이 은행 이자로 나가든, 선교비로 사용되는 것이 더 낫든 그것도 내려놓겠습니다. 기왕에 나간 광고는 그대로 두겠고, 구 예배당 건물은 지금처럼 교육관으로 사용하겠습니다. 하나님께서 뜻하신 대로 팔리게 하시든지, 아니면 우리는 그냥 이대로 쓰면 그만입니다."

이렇게 기도하니까 마음에 평안이 왔습니다. 그리고 한편으로는 하나님께서는 어떻게 하시려나 하며 지켜보는 제3자적인 입장이 되었습니다. 이런 것을 '맡긴 자의 평안함'이라고나 할까요.

아직은 구 예배당이 팔린 것은 아닙니다. 그러나 이 일을 계기로 저희 부부는, 그리고 이제는 전후 사정을 다 알게 되어버린 저희 한가족 교회 식구들은 하나님을 신뢰하며, 하나님께 맡기는 삶을 조금씩 배워가게 되었습니다. 그렇게 놓고 보면 일이 틀어진 것도, 실망스러운 어떤 상황들도 감사의 조건이 됩니다.

문득 머리칼을 짓궂게 흩뜨려 놓는 봄바람이 상큼하다는 생각이 드는 주일 오후입니다.

4. 너무 작은 것까지 기도하는 일에 대하여

아내 말에 의하면 아무래도 저는 기도훈련을 좀 잘못 받은 것 같습니다. 저는 그동안 말씀을 묵상하면서 하나님의 뜻, 하나님의 인도를 구할 때 하나님께서 보여주시는 뜻 가운데 큰 방향만 서면 그 원칙 아래 사소한 것들은 하나님께서 내게 주신 자유의지를 활용하여 최선을 선택하면 된다는 생각을 가지고 살아왔습니다. 예컨대, 서울 가는 것이 하나님의 뜻이라면 가는 방법에 있어서 지하철을 타든, 자동차를 끌고 가든, 택시를 타고 가든 내가 선택할 수 있는 최선과 최상의 지혜를 동원하는 것은 내 몫이라는 생각 말입니다.

예배당을 이전할 때도, 예배당 이전하는 것이 하나님의 뜻인지 아닌지 그것을 확인하는 것이 가장 중요한 것이지, 이전을 위한 세부적인 방법들이야 원칙이 정해지면 헌금을 하든, 융자를 끌어오든 성경적으로 금하는 죄가 아니라면 그 일을 이룸에 있어 가장 합리적인 것들을 찾아가면 될 일이라 생각했었습니다.

그런데 아내가 말합니다.

"여보, 당신이 그런 생각을 가지고 있기 때문에 당신을 따르는 사람들이 얼마나 힘이 드는지 알아요? 당신은 하나님의 뜻이라고 확신하면 일을 일단 저지르고 보니까, 당신을 따르는 저나 교회 식구들이 그 뒷감당하느라고 힘이 든다고욧! 그러니 이제는 지하철을 타고 가는 것이 좋은지, 자동차를 끌고 가는 것이 나을지, 택시를 타고 가는 편이 나을지 그런 작고 사소한 부분까지 하나님께 여쭙도록 하세요. 목적지를 알려주신 하나님께서는 당신 스스로 선택하는 것보다 더 좋은 최상의 방법도 준비하고 계시지 않겠어요?"

아내는 이어서 말합니다.

"여보, 인우(제 아들입니다)가 집에 돌아와서 오늘 하루 있었던 일들을 구구절절이 이야기를 하면 당신은 아빠로서 즐겁지 않으세요? 하나님 아버지께서도 마찬가지시라구요. 당신에게는 작은 부분까지 일상에서 하나님께 무시로 말씀드리는(아내는 이것을 '기도'라고 합니다) 습관이 필요해요. 당신은 성장과정에서 당신 아버지와 친밀감이 좀 없어서인지, 아니면 자라온 교회가 너무 엄격한 보수적 교회여서인지 하나님과 친밀감이 좀 약한 것 같아요."

저는 뜨끔했습니다. 그래서 역정을 냈습니다.

"무슨 소리! 하나님께 기도할 것이 있고, 하나님께서 내게 땀 흘려 수고하라고 하시는 것도 있는 거야! 감나무 아래 입 벌리고 누워 맨날 기도만 하는 것이 아니라구!"

"여보, 누가 감나무 아래 입 벌리고 누워 맨 날 기도만 하라고 했나요? 누가 최선을 다하지 말라고 했나요? 당신이 삶의 현장에서 만나는 작은 순간순간에도 하나님을 모시고, 하나님과 동행하시라는 말씀이지요."

저는 할 말이 없었습니다. 아내의 말이 하나도 틀린 것이 없다는 생각이 들었기 때문입니다. 그동안 제가 하나님께 자세잡고 기도하는 것들은 제 자신이 생각할 때 인간의 힘으로는 도저히 할 수 없는 큰일이라고 생각했던 것들이었고, 제 스스로 할 수 있는 사소한 일들은 추후 결재하듯 했지, 여간해서는 처음부터 하나님께 맡겨드리지 않았던 것 같습니다.

그런데 사실 큰 일, 작은 일들은 모두 제 자신의 기준에서 볼 때 그런 것뿐이지, 어쩌면 제가 간과하고 있는 사소하고 작은 일들이 하나님께서 보실 때 매우 기본에 속하는 '하나님의 큰일' 일 수 있겠다는 생각이 드는 것입니다.

대개 우리나라 가장들은 집을 사는 계약 문제라든지, 신규 사업을 하는 문제라든지, 뭔가 거창하고 많은 비용이 들어가는 결정들은 큰일로 여기고, 일상생활과 관련된 사소한 일들은 대수롭지 않은 일들로 여기는 경향이 있습니다. 그러다보니 하나님도 마치 인감도장과 같이 큰일을 위한 '결재용 하나님'으로만 한 쪽 보관함에 밀어놓고 필요할 때만 꺼내 쓰고는 나머지는 내가 스스로 알아서 하는, 즉 내가 최종 결정자가 되어서 사는 삶을 살아가는 것입니다.

그러나 지금도 살아계시고 일하시는 하나님께서는 큰일뿐 아니라 나의 사소한 일이라 할지라도 내 삶 전체를 원하시고, 내 삶 속에 개입하셔서 결정권을 행사하시는 진정한 나의 주권자요, 다스리시는 하나님이 되시기를 원하시는 하나님이십니다.

아내의 손지갑은 아프리카의 한국인 선교사로 섬길 때나, 개척 교회 목사의 사모로 살아가는 지금이나 늘 빈 지갑이기 일쑤였습니다. 아내는 하다못해 어떤 과일을 먹고 싶은 경우처럼 아주 사소한 것들도 기도합니다. 그러면 하나님께서는 생각지 않은 어떤 사람을 통해서든지, 아니면 평소 뭘 잘 사들고 다니지 않는 제가 그날따라 무심코 그 과일을 사들고 들어가든지 해서 아내의 기쁨이 됩니다.

"어머! 오늘 이 과일 먹고 싶다고 하나님께 기도했는데, 하나님께서 주셨네요."

이런 소리를 들으면 저는 뭘 그런 걸 다 가지고 기도를 했다고 속으로 생각하지만, 아내는 얼마나 행복해 하는지, 하나님과 얼마나 친해 보이는지 모릅니다.

지극히 작은 일도 하나님께 맡기며 기도했다는 조지 뮬러의 기도도 알고 있고, 아내의 충고도 들었지만, 아직도 습관이 덜 되어서 그런지 마치 크기 별로 감자알 구분하듯 이건 하나님께 맡길 조금 큰일들, 요건 나 혼자 해도 되는 작은 일들 하는 식의 모습이 여전히 나타나곤 합니다.

그러나 이제는 기도의 습관을 바꾸어 아무리 작은 일이라 할지라도 전폭적으로 하나님께 맡기며, 매 순간 그렇게 '코람데오'(하나님 앞에서) 살아야겠다는 다짐을 해보는 수요일 밤입니다.

아무 것도 염려하지 말고 오직 모든 일에(in everything) 기도와 간구로 너희 구할 것을 감사함으로 하나님께 아뢰라 그리하면 모든 지각에 뛰어난 하나님의 평강이 그리스도 예수 안에서 너희 마음과 생각을 지키시리라 (빌 4:6-7)

5. 바람 빠진 자전거

요즘 저는 자전거를 타고 다닙니다. 특별한 이유는 없습니다. 교회가 집 가까이에 있다고 하지만 걸어가기에는 좀 어중간한 거리이고, 그렇다고 요즘 같은 고유가 시대에 자동차를 끌고 가기에도 그렇습니다. 게다가 자전거 타는 것이 건강에도 좋다고 하니까, 몇 년 전 인터넷 설치를 했다고 사은품으로 받아 한쪽 구석에 세워놓은 빨간 중국산 자전거를 한 번 타봐야겠다는 생각이 들었을 뿐입니다.

마침 버려진 자전거를 수리해서 재활용하는 YMCA의 프로그램에 참여하고 있는 우리 교회 K성도님의 배려로 앙상한 나의 자전거는 핸들 앞에 시장바구니가 달렸고, 흙탕물 튀지 말라고 앞뒤 바퀴에 흙받이를 달았으며, 삭은 안장도 교체했고, 뒤에는 짐받이도 달았습니다. 어디 그뿐입니까, K성도님은 우리 목사님 타시는 자전거라고 앞뒤 브레이크 줄도 새 것으로 갈아주었고, 자전거 기어를 오르내리는 기어

줄도 바꾸어 주었습니다. 그야말로 새 자전거가 되는 순간이었습니다.

늘 타고 다니던 교회 승합차는 교회 앞 주차장에 세워놓고, 비오는 날 빼고는 새벽기도회를 갈 때나 수요 예배, 그리고 주일 낮 예배 때까지 타고 다닙니다. 가끔씩은 새벽기도회나 수요일 밤 예배를 마치고 자전거 뒷자리에 아내를 태우기도 합니다. 나이 마흔여섯의 아내는 마치 소녀처럼 남편의 허리를 꼭 잡습니다. 이젠 제법 이골이 나서 사람을 뒤에 태우는 일이 능숙해졌습니다.

그렇게 두어 주일을 잘 탔는데, 오늘 새벽기도회를 나서며 자전거를 보니 앞 타이어의 바람이 몽땅 빠져 있었습니다. 걸어서 교회를 가면서 마음은 온통 바람 빠진 자전거에 가 있었습니다.

'뭐가 문제였을까? 어젯밤까지만 해도 멀쩡했었는데…'

오전 10시쯤, 자전거 수리점 문 여는 시간에 맞추어 자전거를 끌고 갑니다. 가끔씩 보는 자전거 수리점 아저씨는 눈인사와 함께 바람 넣는 기구 쪽으로 눈짓을 합니다. 알아서 넣으라는 뜻이지요. 저는 두 발로 고정을 한 후 온 힘으로 압축해서 공기를 넣는 수동식 기구보다는 손쉬운 에어콤프레샤를 선택합니다. 수동식은 힘이 들거든요.

"치이익~"

자전거 타이어에 자동으로 바람이 시원하게 들어갑니다.

그런데, 잠시 후 "뻥!" 하는 굉음과 함께 "쉬이이이~" 헛바람 들어가는 소리가 들렸습니다. 어찌나 놀랐던지요! 그 소리는 제 자전거 튜브가 터지는 소리였습니다.

자동차 타이어 공기 주입기는 어느 만큼 넣으라는 눈금이 있는데, 이것은 순전히 감각에 의존해서 바람을 넣는 것이었습니다. 그것도 모르고 순간 딴 생각을 한 사이, 엄청난 압력의 공기가 밀려들어 갔으니 힘없는 자전거 타이어는 터질 수밖에요!

자전거 수리점 아저씨가 타이어를 열어 튜브를 꺼냈는데, 튜브는 걸레조각처럼 너덜너덜해져 있었습니다. 튜브가 삭았기도 했고, 바람도 무리하게 많이 넣었고… 원인이야 문외한인 제게도 한눈에 다 들어왔습니다.

결국 수리비 1만원을 주고 타이어 튜브를 통째로 교체했습니다. 그렇게 해결하고 돌아오면서 문득 내 자신을 돌아봅니다.

'나는 삶이나 목회에 너무 지나치게 욕심을 내고 있지는 않는가! 다른 부분은 다 새롭게 고쳤지만, 가장 중요한 타이어 튜브는 삭아 있었던 것처럼 나 역시 정작 중요한 것들은 놓친 채 이만하면 됐다고 스스로 속고 있지는 않는가!'

자전거는 그렇게 금방 고칠 수 있었지만, 인생은 한 번 펑크 나면 상당한 아픔과 손실이 있으므로, 하나님 앞에서 매우 신중하고 정직하게 날마다 점검하며 살아야겠다는 생각을 하게 된 아침이었습니다.

6. 가난에는 이유가 있다

얼마 전, 신대원 시절 함께 공부를 했던 P목사님을 만났습니다. P목사님은 늦게 신학을 하셔서 지금 나이가 예순을 바라보는 분입니다. 그는 서울 변두리의 어느 아파트 단지의 상가 교회에 부임해 벌써 5년째 목회를 하고 있습니다. 말이 좋아 부임이지 교인 숫자가 장년 50여 명이 된다는데, 이상하게도 그 교회는 목사님의 사례비 하나 변변하게 챙겨드리지 못하는 미자립교회의 모습을 하고 있습니다.

다행히 P목사님은 자녀들이 다 장성해 나름대로 직장생활을 하면서 살아가므로 자녀들의 교육비 등 별도의 비용은 들어가지 않았고, 이렇게 저렇게 동기들이나 선후배들의 후원으로 약 80여만 원의 생활비로 두 내외분이 교회를 섬기고 있습니다.

교회가 자리한 곳은 도시계획과 개발로 인해 이주해온 철거민들, 그리고 장애인들을 위한 영구 임대 아파트 지역입니다.

P목사님께서는 이 지역의 주민들을 위해 교회의 할 일을 찾던 중, 방황하는 청소년들을 위해 방과후 공부방을 열고 학부시절 그래도 좋은 대학을 나온 후배 전도사들을 섭외하여 경제적 형편이 여의치 않은 아이들을 가르치기 시작했습니다. 물론 이렇게 봉사하는 전도사들은 무보수 자원봉사자들이었습니다.

저는, 한번 보고 싶다고 시간 좀 내라는 P목사님을 위해 그분이 좋아하는 롤 케이크를 하나 사들고 출발했습니다. 우리는 차 한 잔을 놓고 마주 앉아 반가운 마음을 나누었습니다. 한동안 롤 케이크를 무심히 바라보던 P목사님은 정색을 하면서 이렇게 말씀을 하십니다.

"황 목사, 내가 5년 동안 여기서 목회를 하는데 말야, 이 동네는 참 이상한 동네야."

"예?"

"옛말에 가난에는 이유가 있다더니 그 말이 꼭 맞는 것 같아. 지금까지 목회하면서, 그리고 공부방을 열어 아이들과 그렇게 애를 쓰고, 내 지갑 털어 간식 준비하고 애들 밥해 먹이고 해도 누구 하나 감사하다는 말을 하는 사람이 없어. 더운 여름날, 목사님 애쓰신다고 오백 원짜리 음료수 하나가 없다니까. 아니, 애들 간식 찬조는커녕 오히려 교회에 오면 어떻게 된 교인들이 냉장고부터 열어 뭐라도 하나 들고 나가려고 해. 감사할 줄 모르고, 남에게 드릴 줄을 모르는 사람들, 그러니 어디 복을 받겠어? 처음엔 가진 게 워낙 없어서 그렇겠거니 했는데, 애들 나이키 운동화에 최신 핸드폰 들고 다니는 것을 보면 없어서 그런 건 아냐! 마음 자세가 문제이지. 남한테 받기만 좋아하는 것, 이것도 습관이 돼. 영혼을 병들게 한다구! 난 50명 교인들로부

터 한 번도 사례비를 받은 적이 없어. '목사님은 어련히 알아서 살겠지'
하는 것 같아. 어쨌든 나는 하나님께서 이 자리에 두셨지 하면서 5년
동안을 그렇게 짝사랑만 하고 있는데, 이젠 나도 지쳐가."

잠자코 그 말씀을 듣고 있는데, 문득 목소리에 물기가 묻어 있어서
고개를 드니 P목사님의 허옇게 서리가 내린 귀밑머리가 눈에 들어왔
습니다.

P목사님은 누구보다도 교인들을 사랑하는 분입니다. 젊어서 이런
저런 세월들을 보내며 인생의 연단과정을 많이 겪으셨기에 어지간한
어려움에는 오히려 담담하게 받아들이는 분입니다.

저는 그 분과의 만남을 뒤로 하고 오면서 참 많은 생각을 하게 되
었습니다. 그리고 문득 교인 잘 만나는 것도 목사의 복이라는 생각이
들었습니다.

제가 목회 하는 지역은 시화공단의 공장 배후지역으로, 그곳보다
지역적으로 훨씬 가난한 서민들이 많은 동네입니다. 교인들 대부분이
제 집이라고 등기난 집을 가진 사람이 드뭅니다. 그래서 봄, 가을 이
사철이면 교인들의 이동이 잦습니다.

그러나 우리는 비슷한 숫자의 교인이지만 목사의 사례비뿐 아니라
선교비도 더 많이 보내지 못해서 안타까워하는 교인들입니다. 어려
움을 겪는 선교사들의 소식에는 교통비를 아껴 걸어다니면서, 또 자
신의 필요들을 마다해가면서 큰 헌금들을 보내는 사람들입니다.

하나님께서 우리 교회 식구들에게 복을 주시리라는 생각입니다.
아닌 게 아니라 금년에 여기저기에서 좋은 소식들이 들려옵니다.
본인의 어떤 문제들이 잘 되거나, 아니면 자녀들이 잘 됐다는 소식

들입니다.

정말 가난에는 그런 이유가 있는 것이라면, 저는 우리 교회 식구들
이 받는 일만을 즐기며 인색하기보다는 즐거이 감사하고, 나눔과 섬김
이 일상이 되어 모두들 축복의 통로가 되었으면 좋겠습니다.

7. 그 눈물이 그 눈물이었어요?

　교회 개척을 시작하기 전, 제 나이 갓 서른에 목사 안수를 받고 선교 단체에서 조금 일을 하다가 서울 방배동의 어느 교회에 담임목사로 청빙 받아 1년간 섬기던 때의 일입니다.

　선교사역을 접고 갓 부임한 젊은 목사답게, 게다가 한국에선 처녀 목회라 한 번 잘 해보겠다는 열정이 얼마나 대단했었던지요.

　20년이 다 되도록 분열과 분쟁의 와중에 젊은이들이 다 떠나고 대부분 오십을 훌쩍 넘긴 분들 30여 명만이 널찍한 예배실을 지키고 있는 이 교회에서, 마른나무에도 새싹이 나고 고목에도 꽃이 필 수 있다는 말처럼 교회의 체질을 한 번 바꾸어 보고 싶었습니다. 아무도 나오지 않는 새벽시간, 강단에서 무릎을 꿇을 때마다 비장의 각오를 다져가면서 말입니다.

　그래서 설교 시간에는 성경을 모두 같이 찾아가면서 한 목소리로 읽도록 했습니다. 때로는 돌아가면서, 때로는 인도자인 저와 한 절씩 교독으로 읽었습니다.

그러던 어느 주일 저녁이었습니다. 성경 말씀에 능력이 있었던지 한 사람씩 저녁 예배 참석자가 늘어가더니 평소에 저녁 예배 참석을 전혀 않던 K여집사님까지 자리에 계신 것입니다.

'아, 이제 교회에 새 바람이 부는가 보다.'

저는 여느 때처럼 성경 본문을 교독했고, 설교를 시작했는데 앞자리에 앉은 K여집사님이 연신 눈물을 훔치는 것 아닙니까.

'옳거니, 은혜를 받으시는가보다.'

저는 더욱 용기를 내어 설교를 했는데, K여집사님은 예배를 마치고도 한참을 그렇게 울고 가셨습니다. 그러더니 다음 주일부터 교회를 안 나오는 것입니다.

'그렇게 은혜를 받으시던 분이 왜? 어디 편찮으신가··'

몇 주일째 결석을 하던 즈음 P권사님이 슬쩍 귀띔을 해줍니다.

"아무래도 K집사가 시험이 든 모양이니, 목사님께서 심방을 좀 해보세요."

그래서 심방을 했습니다. K여집사님은 그래도 목사님이 왔다고 문을 열어주고, 방석을 꺼내며 아랫목에 앉으라고 자리를 내줍니다.

"집사님, 무슨 힘든 일 있으세요?"

나의 물음에 입술을 움찔움찔 무슨 말인가를 하려다가 한참을 뜸을 들이던 집사님은 마침내 입을 열었습니다.

"목사님, 그러시는 거 아닙니다. 너무 섭합니다. 흑흑···"

"예? 저한테 섭섭하시다구요? 뭐가요?"

"아니, 내가 무식한 년이라고 사람을 무시해도 어느 정도지… 그래요, 나 한글 모르는 까막눈이유, 까막눈! 나보고 성경을 읽으라고 꼭 그렇게 여러 사람 앞에서 망신을 주셔야 속이 시원하시겠습니까? 그날 얼마나 서럽고 분하든지 울 엄니 돌아가실 때보담 더 많이 울었습니다."

"하하… 집사님, 그 눈물이 그 눈물이었어요? 난 또 맨 앞자리에서 은혜 많이 받으시느라 눈물 흘리신 줄 알았지요. 집사님, 젊은 목사가 잘 몰라서 그런 거니까 이해하시고 맘 푸세요. 그리고 글 모르면 입만 벙긋벙긋하시지 그러셨어요? 어차피 같이 읽는 건데요."

결국 K여집사님은 마음이 풀어지시긴 했는데, 이 일을 계기로 제 마음속에는 '목회가 쉬운 일이 아니구나' 하는 생각이 들고, 정신이 번쩍 들었습니다. 시험이 들려니까 성경을 읽으면서도 들더라구요.

지금은 성경 교독하거나 할 때는 혹시 글을 모르시는 분을 위해서 "글씨가 잘 안 보이시는 분들은 잘 듣기만 하셔도 됩니다" 하면서 편하게 말씀을 드립니다. 다 그때 배운 것입니다.

8. 불이 번쩍해서

제가 신학교를 다니던 '풋내기 전도사' 시절의 일입니다. 신학교 2학년이던 1982년의 일이니까 벌써 30년에 가까운 예전 일이군요.

당시, 제가 자랐던 교회에서 저는 중고등부 교육전도사를 맡고 있었습니다. 그 무렵 흔히 하던 대로 봄방학을 이용해서 학생 심령부흥회를 열었지요. 강사 선정부터 집회의 일체를 제게 위임하셨던 담임 목사님의 배려로 저는 함께 산 기도하러 잘 다니던 기도동아리 멤버인 B전도사를 학생회 부흥강사로 초청했습니다.

그는 같은 클라스메이트였지만, 저보다는 서너 살 연배로 정말 뜨거운 분이셨는데, 공부도 열심히 해서 훗날 모교인 S신대원장도 하셨고, 지금은 교수로 재직 중이십니다.

우리 모두 신대원도 아닌 신학교 2학년짜리 전도사들이었습니다. 얼마나 열정과 열심을 가지고 집회를 인도했던지 강사는 강사대로,

저는 저대로 은혜 받기를 사모해서 집회기간 내내 금식까지 해가며 집회를 진행해 갔습니다.

집회의 마지막 날은 저녁예배였습니다. 열기가 달아올라 있었고, 강사 전도사님은 설교를 마치고 열정적으로 통성기도를 시켰습니다. 그 와중에 아이들에게 예수님을 영접하도록 결단을 촉구하는 구원초청도 하였습니다.

맨 뒤에 앉아서 집회의 소소한 부분에 이르기까지 섬기던 저는 문득 불을 꺼주면 아이들이 기도하는 분위기에 좋을 것 같다는 생각이 들었습니다. 그래서 전기 스위치를 내렸습니다. 그러나 깜깜해지는 순간, 심약한 여학생들이 걱정이 되었습니다. 그래서 얼른 다시 불을 켰습니다.

아이들은 아이들대로 부르짖어가며 더욱 열심히 기도를 하기 시작했습니다. 더러 흐느끼는 아이들도 있었습니다. 저는 이 아이들의 모습을 보면서 너무 감동스러웠습니다.

'이번 집회는 성령 충만한 것이 정말 은혜로운 집회구나.'

이제 어느 정도 아이들이 진정하고, 집회를 마치면서 저는 몇몇 아이들, 아주 열심히 기도하며 흐느끼기도 하였던 그야말로 은혜를 많이 받은 것처럼 보인 아이들을 불러냈습니다. 그리고 은혜 받은 이야기, 그러니까 간증 내지는 소감을 짧게 이야기해보라고 했습니다.

"전도사님, 저는 이번에 하나님을 만났습니다! 신비로운 체험을 했습니다! 너무 기쁩니다!"

아이들은 흥분이 채 가시지 않은 얼굴로 이구동성으로 자기들도 그렇다고 말하기 시작했습니다. 저는 그럴 줄 알았다는 생각에 또 한 번 보람과 기쁨을 느꼈습니다. 그리고 뒷자리에 앉아서 아이들을 대견한 듯이 바라보시는 담임목사님의 미소가 마치 나를 칭찬해주는 것 같아서 좀 더 분명히 하고 싶어서 저는 아이들에게 한 마디를 더 물어보았습니다.

"하나님을 어떻게 만났는데? 무슨 신비로운 체험을 했는데?"

"전도사님, 제가 기도하는데 갑자기 불이 번쩍 했어요. 저는 그때 하나님을 만난 것 같아요."

"전도사님, 저도 그랬어요."

"저도요."

"잉? 불이 번쩍 했다고? 아니, 그럼 너희들 지금…"

그랬습니다. 이 녀석들은 아까 제가 불을 잠시 껐다가 다시 켰던 그 찰나적인 순간을 불이 번쩍 하고 임재하신 하나님을 만난 체험 사건으로 생각하고 있었던 것입니다.

"얘들아, 그건 말이지…"

조금 전의 뿌듯함은 사라지고, 나는 진땀을 흘리며 이 사태를 수습하느라 애를 써야만 했습니다. 그렇게 '번쩍이는 불'은 그야말로 해프닝으로 끝났지만, 다행히 그 날 이후 아이들은 시험 들지 않고 오히려 열심히 살아가고, 잘 모이고, 열심히 기도하기 시작했습니다. 풋내기 전도사를 긍휼히 여기신 하나님의 은혜였습니다.

덕분에 저는 인위적인 은사 운동의 위험성과 그릇됨에 대해서 깊이 성찰하게 되었고, 성경 본문을 묵상하는 큐티를 하면서 아이들과 큐티 나눔을 하는 쪽으로 방향을 전환하게 되었습니다.

이것은 그 후, 제가 선교사로 부름 받아 5년여를 아프리카에서 살던 때도 그렇고, 30년에 가까운 세월이 지나 교회를 개척하고 담임목사가 되어있는 지금도 마찬가지입니다. 내년이면 개척한 지 꼭 10년이 되는 저희 교회는 아직 단 한 번도 부흥회를 열어본 적이 없습니다.

2년 전, 이제는 목사요, 귀밑머리에 서리가 내린 중년의 교수가 되어 있는 그때의 B전도사를 모시고 성령 세미나를 열었던 적이 있습니다. 그런데 어찌된 일인지, 교단의 신학적 차이가 느껴질 뿐 예전의 순수함을 찾아볼 수 없는 나의 모습을 보며, 목사가 은혜받기 힘들다더니 내가 그만큼 강퍅해진 것인가, 아니면 나이가 들어가는 것인가 하는 생각을 하게 되었습니다.

일부 오순절 주의자들처럼 굳이 특정 은사 운동을 표방하며 치우쳐 가지 않더라도 하나님의 말씀을 잘 묵상하기만 해도 건전하게 분별하고, 성숙하고도 풍성한 그리스도인의 삶을 살아갈 수 있다고 생각합니다. 말씀 안에서 열려진 자세를 갖고 있다면 어떤 은사(gift)들은 그야말로 선물(gift)이니까 하나님께서 필요하실 때 하나님의 주권적인 역사하심을 따라 부어주실 수 있는 것 아니겠습니까!

9. 믿음이란 무엇인가?

세상에는 여러 가지 믿음이 있습니다. 예를 들어, 지금 내가 앉아 있는 이 건물이 무너지지 않는다는 것을 믿는 믿음이 있고(만일 믿지 못한다면 불안해서 얼른 뛰쳐나가야겠지요), 내가 일하고 있는 이 회사는 한 달이 지나면 내게 월급을 줄 것이라는 것을 믿는 믿음이 있으며, 이 전철을 타고 일정한 시간이 지나면 내가 원하는 목적지에 도착할 것을 믿는 믿음 따위가 있습니다. 이런 종류의 믿음들은 따지고 보면 이루 헤아릴 수 없이 많겠지요.

1. '참 믿음'은 따로 있습니다

그러나 기독교에서 말하는 믿음은 그런 믿음을 의미하는 것은 아닙니다. 물론 이런 것들도 믿음임에는 틀림없지만, 우리의 구원을 위한 '참 믿음'은 아닌 것입니다.

저는 담임목사이다 보니 가지고 다니는 열쇠 뭉치가 제법 무겁습니다. 한 번 열거해 보겠습니다. 우선 늘 타고 다니는 자동차 열쇠가 있고, 그 옆에는 위아래로 열어야 하는 교회 현관문 열쇠가 두 개 있습니다. 작은 도서관 열쇠도 있네요. 그리고 교회 창고 열쇠도 있습니다. 그런가 하면 저희 집 현관 열쇠도 있군요. 이렇게 여러 개의 열쇠들이 비슷비슷한 모양을 가지고 매달려 있습니다. 그러나 아무리 비슷해도 저희 집 현관문을 열 수 있는 열쇠는 한 개뿐입니다. 다른 열쇠는 저희 집 현관 열쇠구멍이 거부합니다.

또 다른 예를 들면, 한국 사람이 미국에 입국하기 위해서는 비자 (VISA)가 있어야 합니다. 비자는 대개 여권에 도장을 찍어주는 형태로 발급이 됩니다. 그렇다고 해서 아무 도장을 찍는다고 비자가 되는 것이 아닙니다. 대사관에서, 또는 이민국에서 정당한 확인과정을 거쳐서 찍어준 비자 도장만이 통하는 것입니다. 다른 것을 찍거나, 아예 없다면 입국은커녕 불법을 행한 자로서 추방될 것입니다.

마찬가지로 우리의 구원을 위한 믿음, 즉 하나님 나라의 자녀에게 요구되는 참 믿음은 하나뿐입니다. 그것은 오직 유일하신 구원자이신 하나님의 아들 예수 그리스도를 믿는 믿음입니다.

2. 참 믿음은 '대상'과 '내용'이 있습니다

이렇게 많은 믿음들 중에 구원을 얻는 참 믿음은 유일하다고 말씀드렸는데, 그 믿음은 분명한 대상과 내용이 있습니다. 믿음의 대상은 하나님의 아들 예수 그리스도를 믿는 것입니다. 그리고 그 믿음의 내용, 즉 예수 그리스도의 무엇을 믿는 것이냐 하면 예수 그리스도께서 하나님의 아들로서 죄인인 나를 위하여 사람이 되어 오시고, 나의 죄를 대신 지시고 십자가에 못 박혀 죽으시고, 장사되었다가 삼일 만에 무덤에서 부활하시고 승천하셔서 지금도 나를 위해 간구하시며 함께 하신다는 것을 믿는 것입니다. 이것을 다른 말로는 '복음' 이라고 합니다.

이 복음을 아주 짧게 잘 요약을 해놓은 것이 교회에서 자주 고백하는 '사도신경' 입니다. 소가 새김질을 하듯 사도신경을 날마다 꼼꼼히 묵상하며 내 마음속에 새겨보기만 해도 믿음이 자라게 됨을 느낄 수 있을 것입니다.

3. 믿음은 자랍니다

참 믿음은 그 본질에 있어서 누구나 똑 같습니다. 다만, 그 믿음을 가진 정도나 수준의 차이는 있습니다. 즉 믿음이 적은 자들이 있기도 하고, 믿음이 큰 자들도 있습니다. 놀랄 만한 믿음이 있는가 하면, 믿음이 없다는 소리를 들을 만큼 빈약한 믿음도 있습니다. 헌금을 할 때 천 원짜리 한 장 가지고도 손이 떨리는 믿음이 있는가 하면, 자신의 첫 월급을 몽땅 바치고, 매 수입의 십분 일을 떼어 바치는 믿음이 있습니다.

믿음은 자랍니다. 따라서 주님께서 주시는 방법대로 믿음을 키워나가는 일에 힘쓰면 믿음은 마치 화초와 같이 잘 자라는 특성이 있습니다. 조금 더 믿음이 자라기를 원하시는 분들은 성경을 읽으시기 바랍니다. 그런데 성경을 소나기밥 먹듯이 한 번 왕창 읽었다가, 또 먼지가 쌓이도록 읽지 않는 것은 그리 지혜롭지 못합니다. 하루에 한 장씩이라도 꾸준히 읽는 것이 중요합니다. 그리고 말씀을 들을 수 있고, 공동체 사랑의 교제를 나눌 수 있는 각종 공예배와 교회의 모임들에 참석하시기 바랍니다. 믿음은 그리스도의 말씀을 들음에서 나기 때문입니다.

4. 믿음을 가진 사람들에게는 하나님의 축복이 있습니다

우선 하나님의 자녀가 되는 복이 있습니다. 예수님을 영접하고 믿는 자들에게는 하나님의 자녀가 되는 권세를 주셨습니다(요 1:12, 요 3:16, 요 6:47). 뿐만 아니라 믿는 자들에게 주시는 하나님의 응답과 능력이 있습니다. 그리고 마치 시냇가에 심은 나무가 시절을 좇아 과실을 맺으며 그 잎사귀가 마르지 아니함같이 믿음으로 하나님께 깊이 뿌리를 내린 자들에게 주시는 자유와 기쁨, 그리고 형통함이 이루 헤아릴 수 없을 만큼 많습니다.

이 믿음은 세상의 어떤 값진 보화보다도, 아니 내 목숨보다도 귀합니다. 그러기에 앞서간 많은 믿음의 선배들이 믿음을 잃어버리거나 빼앗기지 않기 위해 고난도 감수하고, 심지어 자신의 목숨과도 맞바꾸었습니다. 가장 소중한 것을 가진 사람은 나머지를 포기할 수 있듯이 믿음은 충분히 그럴 만한 가치가 있는 것이기 때문입니다.

10. 믿는 자에게는 과연 능치 못할 일이 없을까?

1. 이야기 하나

저는 어릴 때부터 교회를 다니기는 했지만 정작 예수님을 인격적으로 영접한 것은 고등학교 2학년 여름수련회였습니다. 여름수련회의 분위기는, 낮에는 마음껏 물놀이 등으로 풀어 놓아 신나게 놀게 하고, 저녁 집회 때는 죄에 대한 각성과 회개 촉구, 그리고 예수님을 영접하면 있을 축복과 은혜를 증거하며 예수님을 영접하게 하도록 도전하고, 자신의 죄를 생각나는 대로 종이에 적도록 하였으며, 캠프파이어 시간에 타오르는 불 가운데 그것을 던져 넣으며 다시금 새롭게 살기로 결단케 하는 이벤트를 갖기도 했습니다.

저는 캠프파이어를 하던 강변 백사장에서 무릎을 꿇고 펑펑 울며 내 죄를 용서해주신 주님을 영접하며 삶을 드리기로 결단을 했습니다. 그리고 다음 날 오전 설교 때 들은 말씀은 물 위를 걸은 베드로(마 14:25-32)였습니다. 설교의 요점은 예수님을 바라볼 때는 물 위를 걷는 능력을 체험한 베드로가 바람과 바다를 바라보니 무서워 빠졌으므로 주변 환경에 요동하지 말고 오직 주님만 신뢰하며 따르라는 것이었는데, 엉뚱하게도 저는 나도 베드로처럼 물 위를 걸을 수 있을까 하는 생각을 한 것이었습니다.

평소 믿음을 강조하며 목사님이 즐겨 말씀하시던 '할 수 있거든이 무슨 말이냐 믿는 자에게는 능치 못할 일이 없느니라(막 9:23)' 는 말씀도 한몫을 한 것은 물론입니다. 저는 또 다른 물놀이 시간에 한 쪽 구석에서 열심히 기도를 한 후(정말 믿음으로 추호도 의심없이 열심히 기도했습니다) 그리고 물 위를 걸어보려 시도를 했습니다.

결론만 말씀을 드리면 익사 직전에 구조되었습니다. 주변에 수영을 잘 하는 형님이 있었던 것이 하나님의 은혜였습니다.

그런 경험이 있은 후, 누구에게도 그 속내를 말하지 않았습니다만 어린 마음에 신앙의 상처를 입었고, 문자적으로 '믿는 자들에게는 능치 못함이 없다' 고 공공연히 말하는 그 의미가 무엇일까를 생각하게 되었습니다.

2. 이야기 둘

고등학교를 졸업하고, 신학대학을 다니던 시절입니다. 늦게 신학을 하신 동료 전도사 한 분이 학교를 다니며 동시에 시골 교회를 맡아 섬기고 있었습니다. 교회의 모든 분주한 여름 행사를 마치고 동료 몇몇과 산 좋고 물 좋은 그 전도사님의 교회로 놀러갔습니다.

우리를 반가이 맞이하신 전도사님이 말했습니다.

"기도들을 많이 하는 전도사들이 왔으니까 우리 교회의 환자 심방

하는데 같이 가서 기도 좀 해주고 오면 어떨까?"

그의 제안에 따라 심방을 따라 갔는데, 첩첩 산중 외딴집에 남자 환자 한 분이 있었습니다. 한 눈에 보아도 병세가 위중함을 느낄 수 있을 정도로 방안에서는 욕창으로 살이 썩는 냄새가 진동을 하였습니다. 우리는 예배를 드렸고, 함께 기도하는 시간이 되었는데 담임 전도사께서는 하필 제게 기도를 시켰습니다.

저는 기도를 하기 전에 환자에게 질문을 하였습니다.

"H집사님, 집사님께서는 하나님께서 지금도 살아계시고 역사하시는 분이신 것을 믿으십니까?"

"아멘!"

"집사님께서는 하나님께서는 지금도 병든 자를 고치시며, 얼마든지 기적을 일으키시는 분이심을 믿으십니까?"

"아멘!"

"집사님께서는 믿음으로 간구하면 하나님께서 응답하시는 것을 믿으십니까?"

"예, 아멘!"

환자인 중년의 H집사는 거의 울듯이 대답을 했습니다. 저희들은 모두 그에게 달라붙어 손을 얹고 그의 고백과 믿음을 근거로, 그리고 하나님의 약속의 말씀을 선포하며 그야말로 온 방안이 떠나갈 듯 간절히 통성 기도를 하였고, 제가 대표로 마무리 기도를 하였습니다.

저는 병든 자를 치유하셨던 신약성경의 여러 가지 기적들을 열거하며 동일한 기적을 일으키시는 하나님을 고백하고, 예수님의 이름으로 질병 치유를 선포하며 기도하였습니다. 환자는 울면서 아멘을 하였고, 우리 모두도 그렇게 마음이 뜨거웠습니다.

그렇게 풋내기 신학생들의 휴가는 마쳤고, 2학기 개강을 맞이하여 시골 교회 전도사님을 만난 자리에서 H집사의 안부를 물었습니다. H집사는 우리들이 올라간 이후 며칠이 되지 않아 하나님의 부름을 받았다고 했습니다. 분명 환자 본인이나, 위하여 기도했던 전도사들 모두 살아계신 하나님과 그 치유의 기적을 믿었고, 입술을 열어 고백하였으며 말씀을 의지하여 기도했는데, 병이 낫기는커녕 죽은 것입니다.

저는 고등학교 때의 추억과 함께 풀리지 않는 수수께끼처럼 이 문제를 놓고 한동안 고민을 하게 되었습니다. 도대체 무엇이 문제이며, 어디에서 걸리는 것일까요?

■ '믿는 자'가 아닌 '하나님'께 능치 못함이 없는 것

'할 수 있거든이 무슨 말이냐 믿는 자에게는 능치 못할 일이 없느니라(막 9:23)'는 말씀은 표면적으로 믿는 사람에게는 능치 못할 일이 없다고 믿음을 강조하는 것처럼 보이지만, 다시 한 번 자세히 본문의 앞뒤 문맥을 보면 제자들이 자기의 귀신 들린 아이를 고쳐주지 못하자 의심하기 시작하는 그 아비에게 하신 말씀으로 하나님께는 능치 못함이 없다는 것을 강조한 말씀임을 알 수 있습니다.

인간의 믿음이라는 것은 환경과 여건에 따라 기복이 심하고, 변덕도 많습니다. 그런 믿음을 기적의 근거로 공식처럼 사용하는 것에 문제가 있는 것입니다.

"한 문둥병자가 나아와 절하고 가로되 주여 원하시면 저를 깨끗케

하실 수 있나이다 하거늘 예수께서 손을 내밀어 저에게 대시며 가라 사대 내가 원하노니 깨끗함을 받으라 하신대 즉시 그의 문둥병이 깨 끗하여진지라" (마 8:2-3)

위의 말씀에 나타난 문둥병자의 고백에서 이것은 더욱 분명해집니다. 예수님 당시에 수많은 문둥병자를 비롯하여 각색 병든 자들이 많았습니다. 그들 모두가 병 고침을 받은 것은 아니었습니다. 문둥병자는 그것을 알았습니다. 병을 고치고, 안 고치고는 자신의 믿음이 근거가 아니라 전적으로 주님의 원하심에 달려 있다는 것입니다.

실제로 예수님의 질병 치유 사역을 보면 환자 자신의 믿음과 관계없이 주님께서 주권적으로 고쳐 주신 경우들이 참 많습니다. 즉 인간의 믿음과 하나님의 능력이 협동하여 마치 화학 반응을 일으키듯 기적이 일어나는 것이 아니라는 것입니다. 이런 식으로 생각을 하기 시작하면 인간의 행위나 공로를 자꾸 어떤 결과의 원인으로 생각하는 인과응보적 사고에 빠지게 됩니다. 조심해야 할 것입니다.

■ 성경을 문자적으로 곧바로 적용하고 점핑하는 것을 주의해야

"할 수 있거든이 무슨 말이냐 믿는 자에게는 능치 못할 일이 없느니라" (막 9:23)

"내게 능력 주시는 자 안에서 내가 모든 것을 할 수 있느니라" (빌 4:13)

요즘 '적극적인 사고방식' 이나 소위 '긍정의 힘' 또는 '사차원의 영성'

등과 같은 책들이 대중들의 인기를 얻게 되면서 성경에 대한 깊은 이해 없이 본문을 문자적으로 들이대며 그저 밀어붙이기 식으로 적용하는 분들을 종종 볼 때마다 심히 우려스럽습니다. 부끄럽지만 고교 시절의 제 모습이 그랬고, 열정만 가득했던 풋내기 전도사 시절의 제 모습이 그랬습니다.

성경은 계시의 말씀인 동시에 역사적인 말씀이기도 합니다. 다시 말씀드려서 이미 역사적으로 성취되고 종료된 사건들이 있는가 하면, 지금도 계속되고 있고 다음 세대까지 이어지는 진행형의 말씀들이 있습니다. 문자적으로 이해할 말씀이 있고, 상징으로 풀어야 할 말씀들이 있습니다.

예를 들어, 예수님이 베들레헴 마구간에서 동정녀의 자궁을 빌어 아기로 태어난 사건은 이미 성취된 말씀입니다. 이제 예수님은 더 이상 아기도 아니고, 또 다시 그렇게 오시지 않을 것이며, 구름타고 영광 중에 재림하실 것입니다.

그렇다면 이 본문은 성경 전체 속에서 부분으로 해석해야 할 것입니다. 매년 성탄절마다 아기 예수님의 오심을 생각하면서 아울러 우리의 구원을 완성하시고 장차 재림하시는 주님도 동시에 생각할 수 있어야 하는 것입니다.

베드로가 물 위를 걸었던 사건을 가지고 지금도 물 위를 걷겠다고 나서는 것은 어리석습니다. 물론 우리 주님은 지금도 살아계시고 능력이 많으셔서 얼마든지 사람들을 물 위로 걷게 하실 수 있는 분이십니다만, 동시에 우리 주님은 아주 지혜로운 분이셔서 아무 때나 그렇게 하시지는 않는 분이시기도 합니다. 지금은 그 방법 아니더라도 성령의 역사로 얼마든지 하나님의 하나님 되심을 드러내시며, 복음을 통해 하나님의 나라를 확장해가고 계시기 때문입니다.

"할 수 있거든이 무슨 말이냐 믿는 자에게는 능치 못할 일이 없느니라" (막 9:23)

"내게 능력 주시는 자 안에서 내가 모든 것을 할 수 있느니라" (빌 4:13)

이런 말씀들도 앞뒤 문맥을 보며 어떤 상황에서 나온 말씀인지를 살펴야 합니다. 즉, 거두절미하고 자기가 원하는 한두 구절만 뽑아 가지고 특정한 자기 신념화 하지 않도록 주의해야 한다는 말씀입니다.

(막 9:23) 말씀은 이미 앞에서 말씀을 드렸으니까 생략하기로 하고, (빌 4:13)의 경우는 사도 바울이 로마의 감옥에 갇혀 있을 때 빌립보에 있는 교인들이 그에게 헌금과 격려를 보내준 것에 대해서 감사하면서 '내게 능력 주시는 자 안에서 내가 모든 것 (감옥생활을 비롯해서 그리스도 때문에 받아야 하는 고난들)'을 감당할 수 있다는 말씀인 것입니다. 그 위에 있는 (빌 4:12) 말씀과 연결해보면 바로 이 사실을 확인할 수 있습니다.

12내가 비천에 처할 줄도 알고 풍부에 처할 줄도 알아 모든 일에 배부르며 배고픔과 풍부와 궁핍에도 일체의 비결을 배웠노라 13내게 능력 주시는 자 안에서 내가 모든 것을 할 수 있느니라 (빌 4:12-13)

■ 나의 원함이 아닌 하나님의 원함을 구하는 훈련을 해야

우리는 본성상 자기중심적입니다. 그러다보니 나의 행복 추구를 위해서 이런저런 일들을 합니다. 가치 기준이 '나'이며 '나의 행복'에 있는 것입니다. 그런데 이런 모습이 신앙의 영역에까지도 번져 있습니다. 교회 선택도 나를 만족시켜줄 만한 곳을 선택하려 하고, 내가 은혜를 받았다는 것도 사실 좀 더 깊이 들어가 보면 내가 그 말씀이나 찬양, 그 분위기 때문에 좋았고, 충족함을 받았다는 의미일 경우가 대부분입니다.

그런가 하면, 자기가 하고 싶은 쪽으로 힘을 보태주는 말씀들은 밑줄을 그어가며 암송도 하려 하지만, 하나님의 하나님 되심을 드러내거나, 인간 편에서 마땅히 감당해야 할 거룩과 순결의 삶, 책망의 말씀들은 애써 외면하는 경우들도 자주 있습니다.

이제 우리는 예전과 달리 정보의 홍수 속에 살고 있습니다. 성경 지식이 모자라서가 문제가 아니라 하나님 말씀에 대한 순종의 마음이 모자라는 것이 문제이며, 복음의 능력이 없어서가 문제가 아니라 내가 원하는 대로 능력이 나타나주길 바라는 것이 문제입니다. 선지자가 없어서가 문제가 아니라 듣는 귀가 없는 것이 문제입니다.

복음을 받아들인 지 120년이 넘은 한국 교회가 이제는 말씀을 살펴가며 나의 원함이 아닌 하나님의 원함을 구하는 성숙한 모습들이 있어야 할 때라는 생각입니다.

11. 교회 공동체와 성찬(聖餐)

1. 이야기 하나

두어 달쯤 전의 일로 기억합니다. 그동안 홀로 나오던 K성도가 모처럼 남편과 함께 교회 출석을 하였습니다. 그동안 남편 전도를 위해 기도하며, 남편의 마음이 열릴 수 있도록 이런 저런 섬김을 많이 해온 것을 잘 알기에, 저 역시 기쁘고 반가워서 예배가 끝나면 그녀의 남편을 따로 만나 차 한 잔을 해야겠다고 생각했습니다. 그런데 어찌된 일인지 그녀의 남편은 불편한 기색이더니 예배가 끝나자마자 뒤도 안 돌아보고 나가버렸습니다.

저는 대개 불신자들이 교회에 처음 오면 남들 다 부르는 찬송가도 모르고, 성경 말씀도 잘 알지 못해서 어색해하고 불편해하는 것을 잘 알고 있습니다. 교회의 점심식사만 해도 우리끼리는 예배를 마치고 나서 점심식사를 하고 가시라고 자연스럽게 권하지만, 난생 처음 교회에 온 사람의 입장에서는 그것이 마치 기독교인이 절에 가서 스님으로부터 공양, 즉 절밥 먹고 가라고 하면 밥은 고사하고 어서 빨리 가고 싶다는 생각이 드는 것과 같을 것입니다.

황급히 남편의 뒤를 따라 나갔다가 돌아온 K성도는 궁금해 하는 제게 남편이 했다는 말을 전합니다. 남편은 '그 까짓게 뭐라고 자기들끼리만 먹고 치사하게…' 라고 말하며 상당히 기분이 나빠 있다고 합니다. 저는 그제서야 상황이 이해가 되고, 남편의 입장에서는 그렇게 생각했을 수도 있겠다는 생각도 해보았습니다. 하지만 어쩔 수 없는 노릇이지요.

이 날, 우리는 성찬식을 했었습니다(저희 한가족교회는 한 달에 한 번, 매월 첫 주일에 성찬식을 합니다). 그런데 교회의 덕과 질서를 위하여 세례 받은 사람들만 참여하도록 하다 보니 옆의 아내는 받아먹고 마시는데, 세례를 받지 않은 남편은 떡과 잔을 받을 수 없었고, 뭔가 하고 보니 감질날 정도로 손톱만하게 썰어놓은 카스테라 한 쪽과 약병 뚜껑만한 잔에 담긴 포도주인 것입니다. 그러니 '그 까짓게 뭐라고 자기들끼리만 먹고 치사하게…' 라고 반응했던 것이지요.

2. 이야기 둘

할머니는 늘 어린 손자를 데리고 교회를 옵니다. 식당을 하는 아들 내외를 대신하여 손자를 보는 것입니다. 아이는 갓난아기 때 우리 교회에서 유아세례를 받았습니다. 이렇게 아이들이 커가는 모습을 보면 보람이 있습니다.

어느 성찬식 때의 일입니다. 성찬위원이 지나가며 뭔가를 주자 아이는 그것이 무엇인지 궁금해서 견딜 수가 없었습니다. 그러다가 자기 할머니가 뭔가를 받아먹자 아이는 자기도 먹겠다고 떼를 씁니다. 손자 이기는 할머니 없다고, 징징거리고 떼를 쓰는 아이에게 할머니는 자신에게 온 떡과 잔을 나누어 먹입니다.

물론, 아이도 유아세례를 받았기에 세례교인임에 틀림이 없기는 합니다만, 이 모습을 보게 된 담임목사의 마음은 어딘가 석연치 않습니다

■ 성찬식의 유래와 참뜻

다른 종교와 달리 기독교는 성찬 예식을 거행합니다. 성찬식은 예수님을 그리스도로 고백하는 사람들이 신앙고백을 담아 행하는 특별한 시간입니다. 성찬식은 (고전 11:23-26)에 기록한 대로 예수님께서 잡히시던 밤에 제자들과 함께 떡과 잔을 나누심으로 친히 제정하신 예식이기 때문입니다.

23내가 너희에게 전한 것은 주께 받은 것이니 곧 주 예수께서 잡히시던 밤에 떡을 가지사 24축사하시고 떼어 가라사대 이것은 너희를 위하는 내 몸이니 이것을 행하여 나를 기념하라 하시고 25식후에 또한 이와 같이 잔을 가지시고 가라사대 이 잔은 내 피로 세운 새 언약이니 이것을 행하여 마실 때마다 나를 기념하라 하셨으니 26너희가 이 떡을 먹으며 이 잔을 마실 때마다 주의 죽으심을 오실 때까지 전하는 것이니라 (고전 11:23-26)

그런데 이 성찬예식이 때로는 잘못 시행됨으로 인해 그 의미가 손

상이 되고, 주님의 영광이 가려지기도 했습니다. 오늘 우리가 읽은 고린도교회의 경우가 그랬고, 오늘날의 적지 않은 교회들과 성도들도 같은 실수를 범하기도 합니다. 한가족교회는 성찬식을 매월 첫 주일에 행합니다. '교회 공동체와 성찬'은 매우 중요합니다. 따라서 교회 공동체는 성찬의 유래와 참뜻을 바로 알고, 그 의미를 새기며 바르게 성찬에 참여하여야 할 것입니다.

■ 성찬식과 출애굽 사건

성찬식은 구약의 출애굽 사건에서 일차적인 유래를 찾을 수 있습니다. 이미 여러분이 아시는 것처럼 이스라엘 백성들은 애굽에서 430년 동안 바로의 학대를 받으며 종살이를 했습니다. 이러한 고통을 들으신 하나님께서 모세를 통해 이스라엘 백성들을 풀어내시고, 애굽으로부터 나오게 하십니다. Exodus! 출애굽, 즉 민족의 대탈출의 장엄한 광경이 시작된 것입니다.

그런데 바로 왕이 이 어마어마한 노예들을 그냥 풀어줄 리 없습니다. 그래서 하나님께서는 모세를 통하여 애굽에 10가지 재앙을 내려 철저하게 바로 왕을 무너뜨리고, 참된 왕은 오직 여호와 하나님이심을 드러내십니다. 마치 제2차 세계대전 당시 일본의 히로시마와 나가사키에 떨어진 원자폭탄으로 인해 일본 천황이 항복을 선언했듯, 바로 왕이 두 손을 들고 항복을 할 수밖에 없었던 마지막 열 번째 재앙은 애굽의 장자를 죽이는 것이었습니다.

하나님의 명령대로 모세는 바로 왕에게 장자의 죽음을 예고했고, 죽음은 그렇게 애굽 땅에 임했습니다. 그러나 이스라엘 백성들에게는 이 죽음이 넘어갔고, 아무 해도 받지 않았습니다.

5너희 어린 양은 흠 없고 일 년 된 수컷으로 하되 양이나 염소 중에서 취하고 6이 달 십사일까지 간직하였다가 해질 때에 이스라엘 회중이 그 양을 잡고 7그 피로 양을 먹을 집 문 좌우 설주와 인방에 바르고 8그 밤에 그 고기를 불에 구워 무교병과 쓴 나물과 아울러 먹되 9날로나 물에 삶아서나 먹지 말고 그 머리와 정강이와 내장을 다 불에 구워 먹고 10아침까지 남겨 두지 말며 아침까지 남은 것은 곧 소화하라 11너희는 그것을 이렇게 먹을지니 허리에 띠를 띠고 발에 신을 신고 손에 지팡이를 잡고 급히 먹으라 이것이 여호와의 유월절이니라 12내가 그 밤에 애굽 땅에 두루 다니며 사람과 짐승을 무론하고 애굽 나라 가운데 처음 난 것을 다 치고 애굽의 모든 신에게 벌을 내리리라 나는 여호와로라 13내가 애굽 땅을 칠 때에 그 피가 너희의 거하는 집에 있어서 너희를 위하여 표적이 될지라 내가 피를 볼 때에 너희를 넘어가리니 재앙이 너희에게 내려 멸하지 아니하리라(출 12:5-13)

29밤중에 여호와께서 애굽 땅에서 모든 처음 난 것 곧 위에 앉은 바로의 장자로부터 옥에 갇힌 사람의 장자까지와 생축의 처음 난 것을 다 치시매 30그 밤에 바로와 그 모든 신하와 모든 애굽 사람이 일어나고 애굽에 큰 호곡이 있었으니 이는 그 나라에 사망치 아니한 집이 하나도 없었음이었더라 (출 12:29-30)

이스라엘 백성들에게 죽음을 피해갈 무슨 특별한 면역력이 있어서

가 아니었습니다. 반대로 애굽 사람이 죽었던 것은 체력에 문제가 있었던 것이 아니었습니다. 이스라엘 백성들이 살아날 수 있었던 것은 좌우 문설주와 문 인방(引枋)에 발리어진 어린양의 피 때문이었습니다. 애굽 사람들이 죽은 것은 어린양의 피가 없었기 때문이었습니다. 어린양의 피는 하나님의 심판을 받느냐 안 받느냐, 죽느냐 사느냐의 갈림길이 되었던 것입니다. 어린양의 피로 말미암아 살아난 이 날을 하나님께서는 죽음을 넘어가신 날로 'pass over day' 즉 유월절로 이름을 붙이시며 기념하라고 하십니다.

■ 성찬식과 하나님의 어린양 예수

신약성경에 와서 세례 요한은 예수님이 우리의 죄를 대속하기 위해 오신 하나님의 어린양 되심을 증거합니다.

이튿날 요한이 예수께서 자기에게 나아오심을 보고 가로되 보라 세상 죄를 지고 가는 하나님의 어린 양이로다 (요 1:29)

그리고 예수님께서는 어린양의 피로 구원을 받은 이스라엘의 기념 절기인 유월절 밤에 제자들과 함께 최후의 만찬을 행하시며 유월절 어린양 되신 자신의 몸과 피를 가지고 새 언약을 말씀하시며 성찬식을 하고 계시는 것입니다.

19제자들이 예수의 시키신 대로 하여 유월절을 예비하였더라 20저물 때에 예수께서 열 두 제자와 함께 앉으셨더니 (마 26:19-20)

26저희가 먹을 때에 예수께서 떡을 가지사 축복하시고 떼어 제자들을 주시며 가라사대 받아 먹으라 이것이 내 몸이니라 하시고 27또 잔을 가지사 사례하시고 저희에게 주시며 가라사대 너희가 다 이것을 마시라 28이것은 죄 사함을 얻게 하려고 많은 사람을 위하여 흘리는바 나의 피 곧 언약의 피니라 (마 26:26-28)

그러니까 이 성찬식은 애굽 왕의 권세 아래 놓여 압박과 학대를 받으며 종살이를 하다가 결국 죽을 수밖에 없는 운명이던 이스라엘 백성들을 건져내시며 가나안 땅으로 인도하시는 데, 하나님의 구원을 열어가는 첫 사인이 좌우 문설주와 문 인방에 발리어진 어린양의 피인 것처럼 죄와 사망 아래 놓여 있는 우리를 위해 오셔서 십자가에 못 박혀 죽으시며 보혈을 흘려주신 예수님을 묵상하며, 그 보혈의 공로를 힘입어 하나님의 자녀가 되는 이 구원의 사건을 연결하시고 있는 것입니다.

성찬식은 구원의 사건입니다. 그래서 이 성찬식은 교회 공동체가 예수님을 묵상하며 주님이 재림하시는 그 날까지 시행해야 하는 것입니다.

■ 잘못된 성찬식을 책망하는 사도 바울

그런데 오늘 우리가 읽은 고린도교회의 성찬식은 상당히 문제가 있어 보입니다. 일단 사도 바울은 이들의 모임과 성찬에 대한 태도를 책망합니다.

17내가 명하는 이 일에 너희를 칭찬하지 아니하나니 이는 저희의 모임이 유익이 못되고 도리어 해로움이라 18첫째는 너희가 교회에 모일 때에 너희 중에 분쟁이 있다 함을 듣고 대강 믿노니 19너희 중에 편당이 있어야 너희 중에 옳다 인정함을 받은 자들이 나타나게 되리라 20그런즉 너희가 함께 모여서 주의 만찬을 먹을 수 없으니 21이는 먹을 때에 각각 자기의 만찬을 먼저 갖다 먹으므로 어떤 이는 시장하고 어떤 이는 취함이라 22너희가 먹고 마실 집이 없느냐 너희가 하나님의 교회를 업신여기고 빈궁한 자들을 부끄럽게 하느냐 내가 너희에게 무슨 말을 하랴 너희를 칭찬하랴 이것으로 칭찬하지 않노라(고전 11:17-22)

무슨 말씀입니까? 예배를 위한 모임이 유익이 못되고 도리어 해롭다고 합니다. 왜요? 모일 때 분쟁이 있었다고 합니다. 먹을 때 자기 만찬을 먼저 갖다 먹으므로 어떤 사람은 시장하고, 어떤 사람은 취했다고 합니다. 이런 모습은 결과적으로 하나님의 교회를 업신여기고 빈궁한 자들을 부끄럽게 한 것이라고 합니다.

당시 성찬식은 오늘날처럼 작은 빵 조각으로 의미만 새기는 것이 아니라 식사를 겸한 애찬의 성격이 있었습니다. 이 준비는 비교적 부유층에 속하는 교인들이 준비를 했습니다. 그런데 이 사람들이 자기들이 가져온 빵과 포도주를 독점해서 가져다가 자기들끼리 게걸스럽게 마구 먹어대고 떠들었습니다. 가난한 사람들은 먹을 것이 없었고, 따라서 성찬예식에 참여를 못했으며, 한 쪽에서 가난을 부끄럽고 수치를 느끼며 자존심에 상처를 받고 있었습니다. 이것이 당시의 풍경이었습니다.

사도 바울은 이 사실을 알고 매우 노기를 띤 어조로 책망합니다.

너희가 먹고 마실 집이 없느냐 너희가 하나님의 교회를 업신여기고 빈궁한 자들을 부끄럽게 하느냐 내가 너희에게 무슨 말을 하랴 너희를 칭찬하랴 이것으로 칭찬하지 않노라 (고전 11:22)

■ 그렇다면 교회 공동체는 어떻게 성찬을 바르게 행할 수 있을까요?

1. 성찬식은 십자가를 통한 구원의 새 언약을 확인하며, 또한 십자가를 지신 그리스도를 깊이 묵상하며 행해야 합니다

오늘 예수님께서는 포도주 잔을 드시면서 '이것은 내 피로 세운 새 언약'이라고 말씀하십니다. '약속'이라고 말씀하십니다. 지금 예수님께서는 십자가를 지기 위해 공생애의 마지막 걸음을 걸어가고 있습니다. 이 자리는 최후의 만찬 자리입니다. 죽음을 목적에 두고 자기의 피를 본 듯이 하라고 말씀하시면서 이것은 십자가로 맺는 언약이다라고 말씀하시는 것입니다. 그저 배불리 먹고 마시고자 하는 탐욕적인 사람들과 이것은 내 피로 세운 언약이라고 하시는 예수님의 말씀과 얼마나 차이가 있습니까? 성찬 예식은 예수 그리스도께서 십자가에 못 박히신 것을 우리가 생각(기억: Rememberance)하는 것입니다.

2. 성찬식은 주님을 묵상할 뿐 아니라 자신을 돌아보는 자리가 되어야 할 것입니다

27그러므로 누구든지 주의 떡이나 잔을 합당치 않게 먹고 마시는 자는 주의 몸과 피를 범하는 죄가 있느니라 28사람이 자기를 살피고 그 후에야 이 떡을 먹고 이 잔을 마실지니 29주의 몸을 분변치 못하고 먹고 마시는 자는 자기의 죄를 먹고 마시는 것이니라 30이러므로 너희 중에 약한 자와 병든 자가 많고 잠자는 자도 적지 아니하니 (고전 11:27-30)

　자신의 허물과 죄를 고백할 뿐 아니라 겸손히 예수 그리스도의 보혈의 공로를 의지하며 나아오는 자리가 되어야 합니다. 성찬식을 함부로 무분별하게 하면 오히려 하나님의 노여움을 받을 수 있습니다. 성경은 성찬식을 잘못함으로 인해 약한 자와 병든 자가 많고, 잠자는 자, 즉 죽는 자들도 적지 않았다고 경고합니다.

　교회 공동체는 성찬을 통해 다시금 예수님의 구원의 은혜를 확인하며, 온전한 연합을 이룰 수 있습니다. 그리고 성찬을 통해 그리스도인으로서 하나님의 임재를 경험하여 은혜와 복을 누릴 수 있습니다. 엄청난 구원의 사건을 몸으로 시행하는 자리이기에 매우 복된 경험을 하는 시간입니다. 그러기에 너무 두려워할 것은 아니지만 신중하고, 기도하며 잘 준비해야 할 것입니다.

3. 성찬식은 세상 속에서 그리스도의 증인으로 살아가겠다고 하는 결단을 하는 시간이 되어야 합니다.

　너희가 이 떡을 먹으며 이 잔을 마실 때마다 주의 죽으심을 오실 때까지 전하는 것이니라 (고전 11:26)

　예수님께서는 성찬을 통해 제자들 한 사람, 한 사람에게 주님의 증인으로 살아갈 수 있도록 사명을 부여해 주셨습니다. 세상 속에서 그리스도의 증인이 되도록 하신 것입니다. 인격적이신 주님께서는 우리에게 강요하시지 않습니다. 대신 우리로 하여금 순종의 결단을 하도록 하십니다.

성찬을 통해 우리는 나를 위해서 이 땅에 오셨고, 나의 죄를 위해 십자가에서 대신 죽임을 당하신 예수님을 경험합니다. 그리고 우리는 자발적으로 주님의 사랑 앞에 무릎을 꿇고 그 주님의 사랑을 전하며 살겠노라는 결단을 하게 됩니다. 여기에 교회 공동체에게 주신 성찬의 참된 의미가 있습니다. 우리 예수님께서는 당신의 제자들이 전 인격적으로 결단하고 헌신할 수 있도록 성찬식을 제정하신 것입니다. 교회 공동체가 바르게 성찬에 임할 때 우리는 하나님의 임재를 경험하며, 하나님께서 베풀어주신 구속의 은혜와 복을 누리며 살게 되는 것입니다.

12. 교회 개척과 소명

저는 교회를 개척했습니다. 그것도 아내와 초등학교 1학년 입학하는 아들과 함께 셋이서 말입니다. 그렇게 교회를 개척하여 10년 세월을 지내오는 동안 출석 기준으로 지금은 장년 80여 명, 중고등부 30여 명, 어린이 50여 명 등 모두 합쳐 160여 명의 가족적인 작은 교회가 되었습니다.

하지만 돌아보니 여러 가지 생각이 많이 듭니다. 개척 교회를 목회하는 중에 하나님의 은혜와 돌보심을 경험한 간증거리도 많고, 감동과 보람의 순간들이 참 많습니다. 그러나 한편으로는 잘 몰랐기에 안 해도 되었을 시행착오나 실수들도 많았던 것 같습니다.

이 글을 읽는 분들 중에는 일반 성도들뿐 아니라 교회를 개척하고자 하는 분들도 여러분 계시기 때문에 개척 목회를 하고 있는 입장에서 몇 가지 마음들을 나누고자 합니다.

우선, 교회를 개척하는 일에 앞서 소명(召命) 점검은 매우 중요하다 하겠습니다. 저는 교회 개척을 위한 소명은 하나님으로부터 어떤 음성으로 들려오는 것이라기보다는 다음에서 말씀을 드리는 몇 가지 준비 과정 속에서 확인되고 점검되는 것이라는 생각을 가지고 있습니다.

1. 꼭 내가 개척해야 하는가?

지역마다 정도의 차이는 있겠지만 도시의 경우, 한 집 건너 교회가 있을 정도로 교회들이 많습니다. 밤에 나가 높은 빌딩 옥상에서 내려다보면 빨간 네온 십자가들이 여기저기 장관을 이루고 있습니다. 반대로 농어촌에는 도시화의 영향으로 고향을 떠난 젊은이들로 인해 교회는 노령화되어 영적 재생산이 되지 않은 채 무기력해지고, 재정적 영세화 등 목회 환경은 매우 열악한 지경입니다.

도시의 경우, 이렇게 교회가 많은 시대에 또 하나의 교회를 개척하는 일이 필요하단 말인가? 농어촌의 경우, 그 어려움을 무릅쓰고 교회를 개척해야만 하는가? 그리고 그 일을 꼭 내가 해야만 하는 당위성이라도 있는가?

이런 질문에 대한 분명하고 확신 있는 대답은 교회 개척의 소명과도 직결됩니다. 반대로 질문에 자신 없으면 개척하지 마십시오. 아직 때가 아닙니다. 소명 없고, 준비 없는 교회 개척은 적지 않은 세월들을 허비하게 되며, 사랑하는 가족들을 비롯하여 여러 사람에게 상처를 주고, 고생시키는 일이 될 것이기 때문입니다.

2. 아내와 가족의 소명을 점검하라!

선교사로 헌신하는 경우, 어느 선교 단체이든지 그를 파송하기 전에 부부를 따로따로 인터뷰합니다. 그래서 선교사로의 소명을 점검합니다. 두 사람 중 어느 한 쪽이라도 소명이 불확실하면 파송하지 않고 기다리며 충분히 하나님의 인도하심을 받도록 합니다. 국내에서 실시하는 다양한 선교사 훈련과정도 소명을 더욱 분명히 점검하는 계기가 되지요.

교회 개척 역시 마찬가지입니다. 교회 개척은 혼자 하는 것이 아닙니다. 부부가 하는 것입니다. 따라서 소명을 점검하는 단계에서 목회자 부부는 충분히 하나님의 인도하심을 받아야 합니다. 교회 개척은 선교 현장과도 같이 영적 전쟁의 최전방에 서는 것을 의미합니다. 그런데 부부 중 어느 한 쪽이, 그리고 목회자 자녀들이 교회 개척에 회의를 가지고 불평이나 원망 등 가정불화가 난다면 이것은 매우 불행한 소모전이라 할 수 있겠습니다.

교회 개척은 초기에 치러야 할 대가가 매우 많은 힘겨운 사역입니다. 개인적으로 소명은 부부 양쪽 모두 받는 것이 맞다고 생각합니다. 뿐만 아니라 자기 의사 표현을 할 수 있을 정도의 자녀들이라면 교회 개척 전에 함께 기도하며 충분히 인도함을 받고 하나님의 행하실 일들에 대한 기대감을 가지고 출발하는 것이 좋겠다는 생각입니다.

3. 사람에 대해 관심이 있는가?

목회는 결국 사람을 만나는 일입니다. 목회자는 설교, 상담, 심방, 기도 등을 통해 남의 인생에 직간접으로 관여하게 됩니다. 교회 개척은 좀 더 적극적으로 사람을 찾아 나설 것을 요구받습니다. 따라서 교회를 개척하는 일을 놓고 생각 중인 분들은 자신이 사람을 좋아하며, 사람들을 만나는 일에 관심이 있는지를 심각하게 점검해볼 필요가 있습니다. 대인공포증이 있는 사람은 일단 교회 개척의 부르심이 없다고 봐도 될 듯합니다. 오히려 이런 분들은 다양한 형태의 기독교 전문사역이 더 적당할지도 모릅니다.

4. 전도의 열매가 있는가?

교회 개척을 준비하는 분들은 특별한 경우 외에는 일정 기간 동안 부교역자 생활을 하던 분들이 많습니다. 그런데 부교역자를 모실 정도의 교회이면 나름대로 교세가 있는 안정된 교회였을 겁니다. 여기에 문제가 있습니다. 한국 교회의 모습을 보면 교회가 크고 안정되면 안정될수록 부교역자들의 역할은 행정적이고 기능적으로 전문화되는 쪽으로 가기 마련입니다. 즉, 실제로 불신자들을 상대하여 복음을 전하고, 결신을 하도록 하는 일보다는 이미 잘 조직된 교회의 기관을 맡아 섬기거나 모여진 사람들을 가르치고, 심방하는 등의 일에 대부분의 시간을 사용하는 것입니다.

여기에서 성도들의 반응에 따라 성취감이나 보람을 얻기도 하지만, 이것만 가지고 '나는 개척해도 될 것이다. 나는 준비가 된 사람이다' 라고 속단하지 않도록 해야 합니다. 실제로 부교역자가 개척을 하게 되면 본교회 교인들을 떼어서 동역자로 붙여주는 교회도 거의 없거니와(교인을 붙여주기보다는 '돈'을 얼마 주는 것이 한국 교회의 현실입니다), 설령 부교역자의 개척 교회를 따라 가라고 한다 해도 따라 나올 교인들은 거의 없다고 봐도 과언이 아닙니다.

그러므로 개척을 준비하는 분들은 틈틈이 분주한 부교역자의 일상 가운데서도 다른 교인들에게만 전도를 시킬 것이 아니라 본인 스스로도 전도를 함으로써 전도의 열매를 확인하는 일들이 필요합니다. '교회 개척은 곧 전도이다!' 라고 해도 틀린 말이 아니기 때문입니다. 개인적으로 저는 교회 개척을 하기 전에 한 100명 정도의 불신자들을 직접 부딪혀가며 전도해 보시라고, 그러면 어떤 감이 올 것이라는 권면의 말씀을 드립니다. 교회 개척은 누구나 할 수는 있지만, 아무나 할 수는 없다는 생각입니다.

5. 설교를 즐길 수 있겠는가?

교세가 안정된 교회의 부교역자들의 고민은 설교의 기회가 많지 않다는 것입니다. 주일 낮 예배나 수요 예배 등 사람이 많이 모이는 예배는 주로 담임목사가 설교하고, 부교역자들은 서로 순번을 정해 그 외의 예배에 설교를 하는 것이 한국 교회의 현실입니다. 그러다보니 부교역자는 한 달에 한 번 설교하기도 쉽지 않습니다. 그래서 어쩌다 설교의 기회가 오면 그야말로 심혈을 기울여 설교를 합니다. 할 말은 많고, 시간은 짧고, 그래서 어떤 부교역자는 이 말도 하고, 저 말도 하느라 소위 '만두 속이 터지는' 설교를 하기도 합니다. 그것은 애교로 봐줄만 합니다.

그런데 교회를 개척하여 담임목사가 되면 상황은 달라집니다. 주일 낮과 밤 예배, 수요 예배, 새벽기도 7번, 구역 예배, 금요 심야기도회, 목회 심방, 주일학교, 학생회 등 일주일에 설교 10~15회는 기본입니다.

설교 끝나면 또 설교를 준비해야 하는 일이 계속됩니다. 그렇다고 누가 대신 설교해주는 사람이 있을 리 없습니다. 신학교 때 준비해두었던 설교 밑천은 3년을 못 버티고 다 떨어지게 됩니다.

그러므로 개척 교회 목회자는 설교를 즐길 수 있어야 합니다. 성경 묵상과 개인 기도생활 외에도 일상에서 책 읽는 것이 습관이 되고, 신문을 보더라도, 무슨 방송을 듣더라도, 사람들과의 대화를 통해서도 설교 준비하는 것이 습관화되어야 합니다.

글을 쓰다 보니 교회 개척을 너무 어려운 것으로 느껴지도록 부각시키지 않았는가 하는 조심스러움이 있습니다. 하지만 그렇지만은 않습니다. 아직도 우리나라는 기독교 인구 25%와 마주하고 있는 75%의 사람들이 복음을 들어야 할 불신자들입니다. 교회가 많다고들 하지만 인구 비례로 생각해보면 아직도 터무니없이 부족합니다. 그리고 교회는 술집보다 그 숫자가 비교도 되지 않을 만큼 적습니다. 그러므로 교회는 계속 개척되어져야 하고, 전도 역시 계속 시도되어야 합니다.

다만, 지금은 우리나라 개발 초기인 1960년대나 1970년대처럼 아무 데나 천막치고 십자가를 걸기만 해도 교회가 서는 그런 때가 아니라는 것, 그리고 여러 가지 사회적, 경제적 이유로 교회들이 마이너스 성장하고 있고, 교회 개척이 어렵다는 말이 공공연한 화두가 되어 있는 시점이라는 것을 잘 생각해서 분명한 소명과 철저한 준비가 필요하다는 말씀을 드리는 것입니다.

제2부

한가족교회 이야기

1. 우리

저명한 오르간 연주자가 많은 청중을 모아놓고 낡은 오르간을 연주하고 있었습니다. 무대 뒤에서는 청중의 눈에 띄지 않게 한 소년이 숨어서 열심히 송풍기를 눌러대고 있었습니다. 연주의 전반부가 무사히 끝났고, 오르간 연주자는 자신에게 압도된 청중의 갈채를 받으며 의기양양한 걸음으로 무대를 걸어 나왔습니다.

오르간 연주자가 무대 뒤로 들어오자, 소년이 말했습니다.

"우리 썩 잘 해냈죠. 그렇죠?"

그러자 오르간 연주자는 거만한 말투로 되물었습니다.

"우리라니?"

휴식시간이 끝나고, 오르간 연주자는 다시 오르간 앞에 앉아 연주를 시작했습니다. 그러나 소리가 나지 않았습니다. 아무런 소리도 들리지 않았습니다.

그때 무대 뒤에서 소년의 나지막한 목소리가 들렸습니다.

"이제 아시겠습니까? 우리라는 의미를!"

저는 악기를 다룰 줄 모릅니다. 하지만 기타를 치고, 드럼을 치고, 피아노를 치며 찬양으로 섬기는 귀한 손길들 때문에 매 주일마다 예배가 더욱 은혜롭고 풍성해집니다.

저는 마이크 장비를 다룰 줄 모릅니다. 하지만 조용히 뒤에서 방송 장비를 조정해주는 손길 때문에 설교가 더욱 효과 있게 전달이 됩니다.

저는 덜렁거리고 잘 흘리고 다니는 편입니다. 교회의 여러 섬김의 손길들 때문에 오늘도 목회를 해갑니다.

하나님이 붙여주신 사람들, 그들은 '내' 가 아니라 '우리' 입니다. '우리' 는 '한가족' 입니다.

2. 한 사람의 박수 소리

신문 기자가 유명한 성악가를 찾아가 인터뷰를 하게 되었습니다. 성악가에게 가장 잊히지 않는 공연이 언제였느냐고 묻자, 성악가는 다음과 같이 대답을 했습니다.

"내가 성악가가 된 지 얼마 안 된 때였어요. 그 때 한 작은 도시에서 공연을 한 적이 있었지요. 꽉 짜인 일정에 눈코 뜰 새 없이 바쁠 때였고, 그날따라 몸과 마음이 몹시 피곤하고 기분도 별로 좋지 못했답니다. 겨우 공연을 마치고 숙소로 가다보니 손가방을 놓고 온 것이에요. 다시 공연장으로 지친 발걸음을 돌렸지요. 그런데 나는 손가방을 들고 나오려다 텅 빈 공연장 구석에 앉아 있는 한 소녀를 보게 되었어요.

나는 소녀에게 다가가서 공연이 다 끝난 공연장에 혼자 앉아 있는 이유를 물었지요. 한참을 머뭇거리던 소녀가 대답을 하더군요. 자신은 돈이 없어 공연장에 올 수가 없었고, 꼭 듣고 싶었던 노래를 듣지 못했다고요. 그래서 텅 빈 무대만이라도 보고 싶어서 이렇게 앉아있는 것이라고요.

나는 가슴이 뜨거워졌습니다. 소녀를 위로하고 싶었지만 무슨 말로 위로를 해야 할지를 몰랐습니다. 하지만 도저히 그냥 나올 수는 없었습니다. 나는 무대 위로 올라갔습니다. 조명도 없고, 마이크도 꺼져 있었지만 나는 노래를 불렀답니다. 어느 때보다도 더 열심히 노래를 불렀습니다. 나를 바라보는 소녀의 맑은 눈망울을 바라보면서 말입니다.

노래가 끝나자 박수 소리가 들렸습니다. 물론 소녀가 혼자 친 박수였지만 그 박수 소리는 지금까지 어느 공연장에서도 들어보지 못했던 커다란 박수 소리로 들렸습니다. 박수 소리를 들으며 저는 생각했습니다. 나를 위해 저처럼 뜨거운 박수를 보내주는 사람이 한 사람이라도 있다면 나는 언제라도 실망하거나 포기하지 않겠다고요.

바로 그 날, 소녀가 제게 보내준 박수 소리가 오늘의 저를 있게 한 셈이지요."

지난 40일 동안 한가족교회 예배당 이전을 위해 매일 밤 9시에서 10시까지 교회에 나가 작정기도를 했습니다. 그 40일을 이틀 전에 마쳤습니다.

평소 '교회는 건물이 아니라 에클레시아, 즉 하나님께 부름 받은 사람이다!' 라는 목회적 소신을 가지고 있었기에 교회 건물은 그저 성도들의 필요에 따라 있는 것이라는 생각이었습니다. 지금도 그 생각은 변함이 없는데, 일단의 젊은 엄마들이 교회 예배실 안에 유아실을 만들어줄 것을 요구하였습니다.

이 일을 놓고 제직들과 의논하는 중에, 제직들은 좁은 예배실 안에 유아실을 만들기보다는 이제 예배당을 이전하는 것이 좋겠다는 의견들을 내었습니다. 저는 내심 기뻤습니다. 성도들은 별로 필요성을 못 느끼는데 목사가 예배당을 이전하자고 위에서부터 밀어붙이며 무리를 하는 것이 아니라, 성도들 입에서 교회를 이전하자는 말이 나온 것이니 물 흐르듯 순리대로 갈 수 있겠다는 생각이 들었기 때문이고, 그것은 제가 평소 원하는 방식이기도 했기 때문이었습니다.

제직들은 매일 밤 작정기도회를 하자고 했고, 금요 심야기도, 심지어 일부 제직은 부흥 집회까지 열자고 했습니다. 목사보다 더 열기 있는 모습에 한껏 고무된 저는 우선 교회 이전의 'D-데이'를 작은도서관 임대계약이 만료되는 8월로 잡고, 40일씩 매일 작정기도회부터 하자고 했으며, 그렇게 교회에 선포했던 것입니다.

그런데 어찌된 일인지 정작 기도회가 시작되자 교회의 제직들 중 기도회에 참석한 사람은 절반도 안 되었습니다. 심지어 단 한 번도 참석하지 않은 사람들도 있었습니다. 처음엔 좀 실망스러웠지만, 한편으로는 '아, 하나님께서 목사인 나에게 기도를 시키시려고 이렇게 하셨구나' 하는 생각에 마음을 고쳐먹었습니다.

그리고 기도하면서 보니 우리 교회의 현재 상태가 한눈에 들어오기 시작했습니다. 당연히 함께 기도하며 마음을 함께 할 것으로 기대했던 사람들이 보이지 않는 모습과, 생각지 않았던 사람들이 그 자리를 채워 앉아 있는 모습을 보며, 사람은 사랑할 대상이지 의지할 대상은 아니라는 목회적 진리를 다시 한 번 확인을 하게 된 것입니다.

교회당 이전은 언젠가는 하게 될 것입니다. 그러나 무엇보다도 이번 40일 기도회를 통해 얻은 수확은, 기도하는 중에 하나님께서 제게 처음 교회를 개척할 때 주셨던 비전과 사명을 다시 점검하면서 교회 이전에 대한 이유를 다시 한 번 정리하게 되었고, 사람을 키우는 일에 더욱 집중해야 한다는 확신을 갖게 되었다는 것입니다.

그리고 때마침 귀국한, 우리가 후원하고 있는 선교사 한 가정과 교제하면서 교회의 청년들을 제가 다시 맡게 되었다는 것입니다. 이 청년들은 내년 1~2월경에 필리핀에 비전 트립을 하게 될 것입니다. 아울러 하나님께서는 그동안 소홀했던 외국인 근로자 선교사역에도 마음에 부담을 주셨다는 것입니다.

또한 대학교 1학년 때 읽었던 찰스 쉘돈의 〈예수라면 어떻게 하실까〉를 아내와 함께 다시 읽으며 교회 이전뿐 아니라 나의 설교, 나의 목회, 나의 시간관리 등 내 삶의 전 영역에 걸쳐 '예수님이라면 어떻게 하실까?' 질문해 보면서 내 삶 속에 성령의 기름 부으심과 진정한 부흥을 사모하게 되었다는 것입니다.

첫 기도회는 전체 교인 수에 비하면 적은 인원들이 기도의 불씨들을 이어감으로써 자칫 실망할 뻔 했지만, 그러나 한편으로 조용히 지켜보시며 함께 하신 주님의 박수 소리와 위로의 음성을 들었던 시간들이었습니다.

3. 페이지 터너

음악회에서 종종 피아니스트 옆에 앉아 있는 사람이 있습니다. '페이지 터너(page-turner)'로 악보를 넘겨주는 사람입니다. '악보를 넘기는 사람이 연주 전체를 망칠 수 있다'는 호로비츠의 말처럼 페이지 터너는 복잡하고 어려운 연주에서 특히 없어선 안 될 존재입니다.

페이지 터너에겐 반드시 지켜야 할 점이 있습니다. 화려한 옷을 입거나 액세서리를 해서는 안 되고, 연주자를 건드려서도 안 되며, 악보를 넘길 때 소리를 내서도 안 됩니다. 또한 악보를 너무 빠르게 넘기거나 너무 늦게 넘기면 연주의 흐름을 끊어 연주를 망칠 수도 있기 때문에 타이밍을 잘 맞추기 위해 피아니스트와의 호흡이 중요합니다. 언제나 연주자 다음에 무대에 올라야 하고, 연주가 끝나고 우렁찬 박수갈채가 쏟아질 때도 의자에 앉아 연주자를 지켜봐야 합니다.

그래서 〈페이지 터너〉란 영화를 감독한 드니 데르쿠르는 '페이지 터너의 역할은 일종의 자기소멸'이라고까지 이야기합니다. 객석에 앉아 느긋하게 연주를 관람하는 관객들은 그 중요성을 쉽게 알 수 없는 무대 위의 또 다른 연주자, 드러나진 않지만 꼭 있어야 하는 사람이 페이지 터너입니다.

지난 8월 수련회를 다녀온 다음부터 시작했으니까 한 달 하고도 절반이 훌쩍 넘어간 것 같습니다. 한가족교회 새 예배당을 어렵사리 마련하고, 내부 인테리어를 위해 칸막이 철거부터 시작하여 조금씩 일을 시작해나간 것이 무더위를 보내고, 어느새 가을 초입까지 온 것입니다.

사람의 마음이 간사한 것인지, 아니면 주님께 더 좋은 모습을 보여드리고 싶은 것인지는 모르겠으나 여기 조금, 저기 조금 낡은 것을 뜯어내다보니 다른 곳이 어쩐지 맞지 않아 또 뜯어내게 되고, 결국에는 기둥만 남기고 모든 인테리어를 처음부터 하게 되었습니다.

"목사님, 집을 새로 지었다고 보시면 됩니다."

인테리어 자재를 주문하고, 어떤 부분은 직접 사러 다니면서 여러 사람들을 만나 견적을 뽑고 하면서 또 다른 세계가 있다는 것을 알았고, 주로 일본 용어들 일색이긴 하지만 여러 가지 용어들도 많이 배웠습니다.

뿐만 아니라 이 일을 진행하는 한 달 보름 남짓한 기간 동안 하나님께서는 참으로 많은 은혜와 간증거리들을 주셨습니다.

간증1. 온 교회 성도들이 하나가 되었습니다

공단에서 식당을 운영하는 N성도님께서 지금껏 한 달이 넘도록 자원하여 일하는 분들의 점심식사를 매일 제공하였습니다. 식사 배달을 위해 K집사님, S집사님, J성도님 등이 자동차로 직접 날랐습니다. 새참이라고도 할 수 있는 점심식사 이후의 오후 간식을 온 성도들이 날마다 일정표를 짜가며 교대로 담당했습니다. 정성어린 식사와 너무나 풍성한 간식에 일하는 분들로부터 부러움을 한몸에 받았습니다. 뿐만 아니라 성도들이 직접 먼지를 뒤집어 써가며 페인트칠하기 전의 샌딩 작업을 비롯하여 바닥청소를 했습니다.

간증2. 하나님께서 물질적으로 채워주심을 경험하였습니다

어느 병원의 간병인으로 일하시는 K권사님의 정성어린 헌금을 시작으로, 은사 J교수님의 헌금, 그리고 십시일반으로 여러 성도들이 헌금에 동참하였습니다. 우리 교회 성도도 아닌, 그저 새벽에 나와서 기도하고 가시곤 하던 K장로님께서 어느 새벽 조용히 넣어주신 헌금도 있었고, 매월 초하루 새벽기도회 때 드려진 약간의 헌금을 모아 '겨자씨 헌금'이라고 주변의 몇몇 개척 교회 목회자 가정들을 섬겨왔는데, 그 중 한 분이신 K목사님이 그렇게 위로를 받고 힘을 얻었다며 자신이 섬기는 교회 성도들이 한가족교회를 위해 기도하며 힘을 모아 전해온 헌금도 있었습니다. 그런가 하면 멀리 이사를 가느라 교회를 옮겨간 형제는 교회 홈페이지를 찾아왔다가 교회 공사하는 소식을 보고 헌금을 부쳐오기도 했습니다.

지난 주 월요일에는 모자라는 공사비로 인해 하나님께만 새벽에 여쭈었는데, 그 날 오후 우리 교인도 아닌 J집사님이 '목사님, 건축 헌금을 보냅니다' 라는 문자 하나만 달랑 보내왔기에 통장을 열어보니 조금도 에누리 없이 마침 모자라는 공사비 전액(2000만 원)이 들어와 있었습니다!

저는 아내에게 이렇게 말했지요.

"여보, 하나님께서 한가족교회를 무척 사랑하시고, 교회 이전하는 것을 기뻐하시나 봐."

간증3. 마음의 상처들이 회복되는 것을 보았습니다

먼저 다니던 교회에서 건축을 하다가 성도들이 시험이 들고, 결국 교회가 넘어가고 공중 분해되는 것을 지켜보며 상처를 안고 온 어느 성도는 한가족교회에 온 지 얼마 되지 않아 교회가 이전한다는 말에 지레 긴장하였는데, 모든 성도들이 전혀 시험 들지 않고 기도 속에 물 흐르듯 일이 진행되어 가는 모습을 보면서 '이렇게도 되는구나' 하는 생각에 마음이 회복되었다고 했습니다. 교회 때문에 이런 비슷한 상처를 가진 사람들이 우리 교회는 다르다고 고백하는 모습을 보았습니다.

청년 시절 이후 교회 다니기를 중단했던 어느 성도의 남편은 공사 중인 교회에 와서 늦은 밤까지 일하고 가기도 했고, 어떤 낯선 남자 분은 지난 여름성경학교에 유치부 다니는 딸이 한가족교회에 몇 번 나왔다고 직접 트럭을 몰고 와 땀을 삘삘 흘려가며 의자며 탁자, 헌금함은 물론 교회의 무거운 비품들을 옮겨주기도 했습니다. 이전 예배 당일에는 누군지도 모르는 사람들이 여러 가정 오셨습니다.

이 모든 일들은 분명 주님께서 하신 일입니다. 저를 비롯해서 저희 교회 제직들, 순장들, 그리고 여러 성도들은 주님이 자유롭게 연주하시는데 그저 조용히 섬기는 '페이지 터너들' 일 따름입니다. 지금도 그래왔지만, 앞으로도 그렇게 교회의 머리되신 우리 주 예수 그리스도만이 부각되고 영광을 받으시는 교회가 될 수 있도록 최선을 다하고자 합니다.

이전 예배 때 멀리서, 또는 가까운 곳에서 일부러 시간을 내어 함께 하신 여러분들께 깊은 감사를 드립니다.

4. 나는 목사입니다

새벽 예배에 그가 왔습니다. 그는 공교롭게도 담임목사인 저하고 생년월일이 똑같은 사람입니다. 딸 둘에 아들 하나를 둔 그는 시화공단의 축협 산하 사료공장에서 생산직으로 일을 하고 있습니다.

해가 바뀌면서 사료 값 인상계획이 알려지자, 사료를 밤새 만들고 또 만들어도 전국적으로 몰려드는 사료 상인들의 요구를 댈 수가 없다고 합니다. 아침 7시부터 밤 11시까지 그야말로 잠자는 시간 빼고 몸이 파김치가 되도록 사료 먼지를 뒤집어쓰며 일을 하는 데도 사료들은 만들기가 무섭게 다 나가버리고, 사료 상인들의 아우성과 험악한 분위기를 보는 날이 한두 번이 아니라고 합니다.

오랜 실직의 방황 끝에 어렵사리 들어간 직장이고, 몇 년을 그렇게 다녀 이젠 정규직이 된 그는 대부분 비정규직인 직장 동료들 틈에서 '너 아니어도 사람은 얼마든지 있다' 는 식의 회사에 힘들다고 불평은

커녕 입도 벙긋 하지 못합니다. 게다가 당장 그만둔다 해도 누구 하나 눈 하나 깜짝하지 않을 사십대 후반의 가장입니다.

아프다고 결근을 할 수도 없습니다. 라인으로 공정이 되어있는 직장은 그가 없으면 그가 해야 할 일이 쌓이고 다음 일이 진행이 안 되기에 그는 함부로 아파서도 안 되는 사람입니다. 얼마나 일이 힘들었던지 새벽기도를 마친 자리에서 하소연합니다.

"목사님, 주님 앞에서 주일도 잘 못 지키면서 내가 이 일을 계속해야 하나, 직장을 옮길까 생각해 봅니다만 그것도 쉽지 않는 노릇이고… 아무튼 고민이 많습니다."

어젯밤 11시까지 일을 했으니까 오늘은 9시까지 출근해도 된다고 말하며 사람 좋은 그는 씁쓸한 웃음을 지어 보입니다.

"집사님, 해장국이나 먹으러 갑시다. 저기, 내가 순대국 맛있게 하는 집 아는데…"

저는 아직 어둠의 여운이 남아 있는 새벽에 그와 함께 24시 해장국 집을 찾아들어 갑니다. 그는 뜨거운 국물을 훌훌 마시며 맛있게 먹습니다. 이심전심이라고 할까요, 서로 말이 없었지만 마음은 서로 압니다. 식사 후에 저는 그와 함께 불가마 사우나로 향합니다. 피곤에 찌든 몸을 뜨거운 물에 함께 담그며 말합니다.

"집사님, 조금만 힘을 내세요."

"예…"

그렇게 함께 기도하고, 이른 아침을 먹고, 목욕을 하고 출근하는 그의 뒷모습을 보며 목사의 자리를 생각합니다. 당장 뾰족하고 시원한 해답은 없는 현실이지만, 목사의 격려를 담은 말 한 마디에 힘을

내고 용기를 내는 성도들, 그래서 저는 오늘 내가 여기 있어야 할 이
유를 알게 됩니다.

나는 목사입니다.

5. 목사님, 우리 오빠 왜 교회 안 나왔는지 알아요?

저는 매 주일 아침 9시에 있는 어린이예배에서 설교합니다. 개척 교회이기도 하지만, 그보다도 제가 아이들을 좋아하기 때문입니다. 저는 이상하게도 아이들을 보면 힘이 납니다. 또 아이들을 보면 기분이 좋아집니다. 저는 어른 설교보다 아이들 설교를 더 즐깁니다. 아이들은 성경 이야기를 각색해서 마치 구연동화처럼 해주면 눈이 빛납니다.

아이들의 눈망울에 빨려들어 저는 매 주일마다 모세도 되고, 바로왕도 되고, 또 다윗도 됩니다. 때때로 설교하다가 한창 절정에 오를 무렵 갑자기 "다음 주에 계속!" 하고 설교를 마치려는 기색을 하면, 아이들은 금세 실망감에 "안돼요오~" 하고 떼를 씁니다.

예배를 마치면, 멀리서 오는 아이들을 위해 차량을 운행합니다. 역시 개척 교회인지라 제가 직접 운행을 합니다. 이때 아이들의 이야기들을 듣습니다.

오늘, 늘 운전석 옆자리에 앉기를 즐기는 초등학교 2학년 S가 불쑥 묻습니다.

"목사님, 우리 오빠 왜 오늘 교회 안 나왔는지 알아요?"

"응? 글쎄, 오늘 태권도 심사 있니?"

"아아아뇨! 태권도 심사 일요일에는 안 해요."

"그래? 그럼 왜 안 나왔지? 궁금한 걸."

"그냥, 그럴 일이 있어요."

아이는 앉은 채로 발을 까딱까딱 합니다. 교회를 그렇게 좋아하는 아이 오빠(초등학교 3학년)가 안 나온 것에 대해서 안 그래도 궁금하던 터라 짐짓 아이의 하는 양을 보며 말하기를 기다립니다.

"목사님, 이따가 얘네들 다 내린 다음에 알려줄 게요."

이제 아이들이 다 내렸습니다. S는 맨 마지막에 내리는 아이입니다.

"목사님, 우리 아빠하고 엄마하고 싸웠어요. 엄마에게 남자 친구가 있대요. 그래서 엄마가 작년에 크리스마스 지나고 집을 나갔어요. 그런데 엄마가 다시 왔어요. 어저께 아빠하고 엄마하고 또 싸웠어요. 그런데 오늘, 우리가 교회 갔다 온 사이에 엄마가 나갈까 봐 오빠가 엄마 지킨다고 나보고 혼자 교회 갔다 오라고 했어요."

"그래, 그랬구나…"

생각지 않은 아이의 말에 갑자기 할 말이 잘 생각이 안 났습니다.

"S야, 목사님이 엄마 아빠 위해서 기도해 줄게. 너도 기도해, 알겠지?"

"네."

아이를 내려주고 오는 길에 무거운 돌을 얹은 것처럼 마음이 답답해집니다. 어른들의 다툼 틈바구니에서 아무 것도 할 수 없이 두려워

해야만 했을 아이들…

'어린 것들이 얼마나 마음고생이 심했을까‥'

친구들에게 알리고 싶지 않아 다 내린 다음에 말하겠다고 하는 아이의 모습이 자꾸 생각이 납니다.

30대 부부의 이혼율이 그 어느 때보다 높은 요즘, 부부 간에 서로 불쌍히 여기며, 서로 감사하면서 또 자식 생각해서라도 잘 살아야 한다고, 조금은 주제넘지만 그래야 한다고, 예수 믿는 사람들은 그래야 한다고 되뇌어 봅니다.

6. 엄마는 내 기도 소리가 안 들리세요?

오늘 주일 낮 예배에 대한이 엄마, 아빠가 교회에 나왔습니다. 강단 뒤에서 무릎을 꿇고 기도하다가(저희 교회 강단에는 목사 의자가 없고, 그냥 방석 한 장만 달랑 있습니다) 주일 예배를 시작하려고 일어서니 두 내외가 다소곳이 앉아 있는 것입니다. 얼마나 반갑던지 하마터면 예배를 인도 중이라는 사실을 잊고 내려가 악수를 할 뻔했습니다.

그러니까 금년을 시작하던 1월 초에 교회를 한두 번 나오고는 이런 저런 생활에 쫓기다 보니 밤늦게까지 부업을 하느라 아침엔 일어나지 못해서 못 나오고, 자꾸 빠지다 보니 또 미안해서 못 나오고…

어느 날, 길에서 만난 대한이 엄마는 교회를 나오라는 제 말에 무척 송구스러운 듯이 말합니다.

"목사님, 저 지금 교회 방학 중이에요."

"예? 그럼 좀 있다가 개학을 하겠군요. 그 '방학'이 '방황'이 되지 않았으면 좋겠습니다."

무슨 선(禪) 문답을 나누는 것처럼 하곤 했는데…

어쨌든 대한이 엄마, 아빠는 긴 방학을 깨고 참 오랜만에 교회에 나왔습니다. 그들도 이사 오기 전에는 어느 지방 교회에서 참으로 충성스러운 집사님들이었다고 합니다.

예배 후, 차 한 잔을 마시며 대한이 엄마가 입을 열었습니다.

"목사님, 저 오늘 어떻게 교회 나오게 되었는 줄 아세요? 대한이의 한 마디 때문이에요."

"예? 대한이가 뭐라고 했는데요?" (음, 녀석, 한 마디로 두 사람을 나오게 하다니 목사인 나보다 실력이 있군.)

"대한이가 오늘 아침에 이렇게 말하는 거예요. '엄마, 엄마는 내 기도 소리가 안 들리세요? 내가 그렇게 엄마 교회 나오게 해달라고 기도하는데?' 저는 그 말을 듣는 순간 가슴이 철렁했고, '그래, 교회를 나가자, 나가야 한다' 하는 생각이 들었어요."

저는 대한이 엄마의 말이 채 맺어지지 않았음에도 코끝이 뭉클해지고 눈이 흐려졌습니다. 어린아이의 입술을 통해서도 사람을 감동시키시는 하나님!

예배를 마치고 돌아가는 길에 엄마, 아빠가 왔다고 엄마, 아빠 옆에 내내 착하게 앉았다가 자부심 가득한 얼굴로 마치 어른처럼 내게 손을 내밀어 악수를 하는 초등학교 3학년 대한이의 작은 손이 무척 따뜻하고 크게 느껴졌습니다.

7. 밥은 먹고 다니냐?

　L형제가 교회에 장기 결석을 하고 있습니다. 그는 제 친구의 동생이
기도 합니다. 그런데 벌써 한 달이 되도록 교회에서 얼굴을 볼 수가
없었습니다. 전화도 연결이 안 되고…

　하긴 주일에 교회 출석을 하려면 자동차로 한 시간 남짓 와야 하는
거리에 사니까, 그리고 월급제가 아닌 개인사업처럼 실적제로 일을 하
기에 한 푼이라도 더 벌기 위해 일주일 내내 늦은 밤까지 일에 쫓기면
서 뛰어다니는 그의 직업 특성상 주일에는 교회에 오기보다는 일을
하거나, 아니면 집에서 푹 쉬고 싶은 유혹을 받았으리라는 짐작을 해
봅니다.

　하지만, 한 해의 끝자락에서 이렇게 소리 없이 마치 실종되듯이 그를
잃어버리고 싶지는 않았습니다. 어제 새벽에는 그를 위해 기도를 하다
가 이럴 게 아니라 제가 한 시간을 들여 찾아 나서기로 했습니다. 점심

시간에 맞춰 직장 근처에서 만나 밥이라도 한 끼 사주고 싶었습니다.

저는 기대감을 가지고 전화를 합니다. 마침 전화 연결이 됩니다. 그는 출장 가는 중이라며 운전 중에 전화를 받았다고 합니다. 저 역시 그의 근무처를 향하여 운전하여 가는 중이었습니다.

바쁘게 사는 그는 담임목사인 제 전화를 받으면서 긴장하는 기색이 역력합니다. 장거리 출장 가는 중이라니 오늘 점심을 함께 하기는 틀렸습니다. 그는 묻지도 않았는데 교회를 출석하지 못해서 죄송하다며, 자신의 이런저런 분주함을 이야기하기 시작합니다. 저는 잠자코 듣다가 물었습니다.

"○○아! 밥은 먹고 다니냐?"

잠시 침묵이 흘렀습니다. 잠시 후, 물기 어린 목소리로 그가 대답합니다.

"목사님, 죄송합니다. 제가 요즘 힘들어요."

그는 요즘 자신의 가정사에서부터 깊은 고민을 털어놓기 시작합니다. 저는 그의 말을 듣습니다. 가끔씩 내가 네 말을 듣고 있다는 표시도 해가면서, 그렇게 한 시간 남짓 흘러가자 그는 갑자기 생각난 듯 이렇게 말합니다.

"목사님, 휴대폰 요금 많이 나와서 어쩌죠? 저는 이제 출장 장소에 도착했습니다."

"그래? 그럼 일해야겠네. 오늘, 네게 밥을 사주려고 했는데, 오늘 밥값은 휴대폰 요금으로 대신한다. 함내라. 기도할게."

전화는 그렇게 끊어지고, 저는 차를 돌려 다시 집으로 향합니다. 그리고 그를 생각합니다.

남자들에게 말수가 없는 것이 아닙니다. 다만 들어줄 사람이 없을 따름입니다. 한 시간 가까이 그는 거의 혼자 말했습니다.

교회를 빠지면 되느냐는 원론적인 말도 아니고, 심오한 교리나 신학적인 어떤 메시지도 아니고, 그저 "밥은 먹고 다니냐?"고 내가 한마디 말했을 뿐인데…

그래서 저는 오늘도 실족한 영혼들과 밥 먹으러 다닙니다.

8. 빠뜨린 이름

매월 셋째 주일 저녁마다 드리는 헌신예배. 오늘은 한가족작은도서관 도서위원들의 헌신예배로 드렸습니다. 설교는 요즘 개척하느라 애쓰는 후배 P목사님께 부탁을 드렸습니다. 예배 인도와 광고는 담임목사인 제 몫입니다.

오늘은 한가족작은도서관 도서위원들의 헌신예배인 만큼 광고시간에, 여러 가지 쉽지 않은 여건들 중에도 시간을 들이고 몸을 들여 수고하는 도서위원들을 격려하고, 여러 성도님들의 아낌없는 관심과 기도를 요청합니다. 아울러 오는 4월 첫 주에 있을 어린이친구 초청잔치를 광고하며, 준비하느라 애쓰는 교회학교 선생님들을 격려합니다.

"여러분! 우리의 다음 세대들을 위해 많은 관심과 기도를 바랍니다. 우리 교회는 교회학교 전담 전도사님도 안 계시는데, 정말 이 분들은 일주일 내내 직장생활도 하고, 주일이면 이른 아침부터 나와 이 늦은 저녁시간까지 정말 웬만한 전도사님들 못지않게 열심히 헌신하시는 분들입니다. H선생님, S선생님, G선생님, K선생님, L선생님… 여러분! 기도도 해주시지만, 말로만이 아니라 때때로 감동되시는 분들은 선생님들을 위해 따뜻한 식사라도 한 끼 사셔도 됩니다. 선생님들이 큰 격려를 받고 힘을 얻을 것입니다."

뭐 이런 식의 격려였습니다. 그렇게 예배는 화기애애하게 잘 마치고 집에 돌아왔는데, 아내가 한 마디 합니다.

"여보! 아까 선생님들 수고하신다고 말할 때 S선생님만 이름이 빠졌어요. 이 분은 도서위원으로도 수고하시고, 또 오늘은 교회에 제일 일찍 오셔서 온풍기도 틀어놓고 예배준비를 하셨는데…"

"그랬어요?"

저는 대답과 동시에 수화기를 들고 S선생님께 전화를 합니다.

"저, 황 목산데요, 집에 와서 생각해보니 아까 광고시간에 S선생님만 빼놓았네요. S선생님은 도서위원으로도 수고하시고, 또 오늘은 교회에 제일 일찍 오셔서 온풍기도 틀어놓고 예배준비를 하셨는데…"

"예? 아이고, 목사님 뭘 그런 걸 가지고… 오호호…"

"제가 말예요, S선생님만 특별히 미워해서 말이죠… 하하하…"

"예에~ 앞으로도 계속 미워해주시고, 기도 많이 해주세요. 호호호…"

이렇게 전화를 하고 나니 마음이 편해집니다.

사람은 누구나 자기에 관한 것은 민감하기 마련입니다. 그리고 자기에 관한 것(남들이 나를 어떻게 말하는지, 나에 대한 남들의 평판은 어떤지 하는 따위)에 더욱 관심이 가고 신경이 쓰입니다. 예를 들어, 여러 사람이 같이 찍은 단체사진의 경우, 제일 먼저 자기 얼굴부터 찾아보는 것과 같은 이치입니다.

목회란 목회 현장 속에서 성령님의 도우심을 힘입어 여러 사람들을 고루고루 살피고, 주님의 말씀이 저들의 삶의 현장에 뿌리내릴 수 있도록, 쓴 뿌리나 가시가 나지 않도록 성도들의 마음 밭을 잘 일구며, 크고 작은 돌덩이들도 골라내는 것이라고 생각합니다.

아무리 귀한 하나님의 복음 말씀이라 할지라도, 그리고 아무리 바른 신학이론을 큰 소리로 외친다고 해도 마음에 문제가 생기면, 그래서 마음이 닫히면 영적인 귀도 닫히고, 입도 닫히고, 나눔과 섬김의 손과 발도 마비가 되기 때문입니다.

9. 편견의 껍질

어느 주일 아침에 일어난 일입니다. 아마 10시 반쯤 되었을까, 오전 11시에 있는 주일 예배를 준비하며 교회에 있었는데, 헝클어진 머리에 때가 꼬질꼬질하게 묻어있는 철 지난 점퍼 차림의 행색이 허름한 중년 남자가 교회에 들어섰습니다.

매주 일요일이면 직업적으로 교회마다 순회하며 알코올 냄새를 풀풀 풍겨가면서 금전적인 도움을 요청하는 행려자들이 있는 터라 저는 얼마라도 줘서 귀찮은 방해물을 보내버리고자 마음을 먹고 다가 갔습니다.

그런데 그는 예배실 한 쪽 구석에 앉더니 한참을 기도하는 것이었 습니다.

'흠, 이 사람은 수가 좀 높구만! 얼마를 주면 될까?'

저는 속으로 생각하며, 마치 무슨 사설 경비원마냥 그가 기도를 마치기를 기다렸습니다.

얼마 후, 마침내 그가 눈을 떴고, 저는 애써 친절을 가장한 얼굴로 물었습니다.

"저… 어떻게 오셨습니까?" (교회에 어떻게 오셨냐고 묻다니? 이게 말이나 되는 말입니까)

그의 눈에는 눈물이 그렁그렁 맺혀 있었습니다.

"예배드리고 싶어서 왔습니다. 제가 요즘 많이 힘듭니다. 몇 년 전까지만 해도 신앙생활을 잘 했었는데, 어머니가 날 위해 기도해주셨는데, 먹고 살기에 급급하다보니 신앙이고 뭐고 다 팽개치고 살았습니다. 아침에 문득 교회에 오고 싶어서 이리저리 헤매다가 마침 십자가가 보이길래 염치불구하고 들어왔습니다."

저는 불에 덴 듯 얼굴이 뜨거워졌습니다. 아직도 겉모양만 보고 쉽게 편견을 갖는 되먹지 못한 나의 위선에 대한 부끄러움 때문이었습니다.

이윽고 예배는 시작이 되었는데, 그는 너무 오랜만에 드리는 예배인 듯 감격스러운 표정이었고, 저는 예수를 믿고 또 예수를 전한다는 녀석이 온통 경솔함과 위선으로 가득 찬 가슴을 두드리며 시간을 보내야 했습니다.

지금은 새벽 예배를 마치고 돌아온 주일 아침입니다. 오늘은 예배를 통해 그동안 자기 십자가를 지는 겸손의 삶이 아니라 오히려 십자가를 타고 다녔던, 내 속 깊은 곳에 자리한 교만함과 편견의 껍질들이 벗겨졌으면 하는 생각을 해봅니다.

10. 아직 멀었다

요즘은 새로 이사갈 교회당을 내부 수리하는 공사가 한창입니다. 저는 아들을 비롯해서 아르바이트를 자청한 청년 두 명과 함께 벽체 칸막이를 털어내는 작업과 바닥 긁어내는 작업 등 비교적 단순한, 그러나 힘이 들어가는 일들을 며칠째 하고 있습니다. 그리고 밤마다 계속 진행되는 작정기도에 새벽기도회, 그런가 하면 어린이 여름성경학교와 여름수련회, 그리고 4박 5일간 지방에서 열린 어떤 수련회에서 테이블 리더로 섬김 등 7월부터 계속된 각종 집회들로 피로가 누적되어 있었습니다.

문제의 전화벨이 울린 것은 이틀 전, 새벽 1시를 조금 넘긴 시간이었습니다. 저는 잠결에 더듬더듬 머리맡의 휴대폰을 받아들었습니다.

"여보세요…?"

"목사님, 믿음이 뭡니까?"

수화기 너머로 술 취한 젊은 남자의 목소리가 대뜸 '믿음'에 대해 물었습니다. '아닌 밤중에 홍두깨라더니, 남의 집에 새벽 한 시 넘어 전화를 해서 밑도 끝도 없이 믿음이 뭐냐니?'

"저, 실례지만 누구신가요?"

"목사님은 절 모르셔도, 저는 목사님을 잘 아는 사람입니다. 저, 지금 교회 앞에 와있습니다."

저는 술 취한 사람에 대한 어린 시절의 상처가 있어서 그런지, 평소 술 취한 사람과 진지한 얘기는 할 게 못 된다는 생각을 가지고 있습니다. 선잠을 깬 저는 이제 슬슬 짜증이 나기 시작했습니다.

"지금 시간이 새벽 한 시가 넘었습니다. 내일 밝은 날, 맑은 정신으로 다시 통화하시면 어떨까요?"

"밝은 날 통화하자고요? … 뚝!"

전화는 그렇게 끊어졌고, 저는 마음이 몹시 찜찜하고 불편해지기 시작했습니다.

'아차, 술김에 용기를 내어 전화를 한 사람일 텐데…'

몇 시간 뒤, 새벽기도회 때 저는 이 이야기를 하였습니다.

그리고 오늘, 교회의 K집사님이 살짝 다가와 말했습니다.

"목사님, 어제 새벽에 말씀하셨던 늦은 밤 목사님께 전화한 사람이 제 사위라지 뭡니까?"

"예엣? 그런 줄 알았더라면 그 밤이라도 제가 좀 만나러 나올 걸 그랬습니다. 그런데 어떻게 아셨어요?"

"예, 제가 집에서 식사하는 자리에서 목사님이 요즘 피곤하시다는 것, 새벽에 그 얘기 하셨다는 것, 그리고 마음이 괴로우셨다고 하는 말씀을 하는데, 사위가 나서서 자기가 전화했다고 말하더군요."

그의 사위 K는, 최근 공장에서 산재를 당해 손가락이 세 개나 잘려 나간 젊은이입니다. 소식을 듣고 병문안을 다녀오는 길에, 아직 신혼이기도 한 30대 초반의 젊은이가 너무 안타까워서 전도를 하리라고 마음을 먹고 중보기도를 해오고 있었던 사람입니다. 그는 아직 믿음에는 별 관심이 없는 사람입니다.

"어제 늦은 밤, 회사 동료들과 회식을 하고 오다가 한가족교회 십자가를 보고 갑자기 목사님 생각이 나더랍니다. 그래서 시간도 안보고, 앞뒤 안 가리고 전화를 했다고 하더군요."

K집사님의 이야기를 들으며 너무 부끄럽고 민망했습니다. '한 영혼을 소중히 여기는 교회'라더니 지금 교회 건물을 구입하고, 내부 수리하는 일에 쫓겨서 정작 한 영혼, 한 영혼에 관심을 갖는 일은 소홀하고 있다는 책망처럼 들렸기 때문입니다. 그러나 또 한편으로는 지금 이 시점에서 무엇이 중요하며, 어디에 우선순위를 두고 살아야 할 것인지 더욱 정신을 차리고 살라는 주님의 교훈으로도 생각되었습니다.

아직 멀었습니다. 오늘은 발신자번호를 열어 그 늦은 밤에 믿음을 질문한 사람에게 마음을 담은 전화를 해야겠습니다.

11. 자(尺)

아내와 저는 여러 면에서 많이 다릅니다. 구두 한 켤레를 사더라도 아내는 비싸더라도 메이커가 있고, A/S도 잘 되는 좋은 것을 사려고 합니다. 저는 그 돈이면 다섯 켤레는 살 수 있겠다며 싼 것을 고릅니다. 제 계산은 그것들이 다 거품이며, 아무렴 한 켤레보다는 다섯 켤레가 실속이 있지 않겠느냐는 것입니다.

이런 선택의 차이는 신발뿐 아니라 일상의 여러 부분에서 나타나는데, 결론만 말씀 드리면 번번이 아내의 선택이 옳았다는 것이 확인되고, 저는 후회를 곱씹곤 합니다.

지난여름부터 두 달여를 진행해오던 교회 내부 인테리어 공사를 모두 마치고 일하시던 목사님들이 철수한 지도 두 주일이 지났습니다. 하지만 구석진 곳의 청소나 예쁜 문손잡이 달기, 인테리어 소품 등 아직도 우리가 해야 할 자잘한 일들이 많습니다.

이미 말씀드렸듯이 전문 인테리어 업자들의 견적이 입이 벌어질 정도로 비싸고 능력 밖이라 고민하던 터에 '홀아비 사정은 과부가 알아주듯' 작은 개척 교회 목사님들 몇 분과 연결이 되었고, 우리는 인건비와 자재를 대고, 이 분들이 일을 해주는 방식으로 서로 돕는 마음으로 직접 일하게 된 것입니다. 현장에서 그때그때 필요한 자재들을 일의 진행에 맞게 주문하며 심부름을 하는 저뿐만 아니라, 교회의 많은 성도들이 날마다 기도하며, 점심식사는 물론 간식까지 직접 만들어 날랐습니다. 그렇게 우리는 한 마음, 한 뜻으로 이 공사를 매우 은혜롭게 마칠 수 있었습니다. 감사한 일입니다.

그런데 눈여겨 관찰을 해보면 마무리가 아무래도 전문가에 비해 어딘가 2%쯤 모자랍니다. 같은 재료를 썼는데, 아니 오히려 돈을 아끼지 않고 더 좋은 재료들을 썼는데, 그 이유가 무엇일까요?

교회의 주방을 위해 씽크대를 맞추었는데, 설치하는 모습을 보면서 그 이유를 알게 되었습니다. 그것은 '자(尺)'에 있었습니다.

정확하게 재고, 정확하게 자르면 정확하게 맞게 되어 있습니다. 씽크대가 뭐 그리 비싼가 했는데, 20년을 씽크대만 만들었다는 A집사님의 씽크대는 한 치의 오차도 없이 정확하게 제 자리에 들어가 딱 맞고 반듯하였습니다.

지난번에 교회 공사를 하신 그 목사님은 적당히 재고, 적당히 잘라서 맞추는 타입이었습니다. 그래서 목자재가 길거나 짧아 이어 붙이거나 또 다시 자르는 일이 빈번했습니다. 겉으로 보이지 않는 부분에는 큰 문제가 없다며 치수를 제대로 재지 않고 적당히 한 경우들이 자주 있었습니다. 그러다보니 재료도 많이 들어갔고, 일도 예쁘게 마감되지 않았습니다. 내색은 하지 않았습니다만, 많이 안타까웠지요. 도저히 안 되겠다 싶어 두어 번은 이미 해놓은 일을 뜯어내고 다시 하도록 한 적도 있었습니다.

물론, 저는 감사합니다. 이 분들은 저희 교회를 위해 정말 열심히 일하셨고, 저희 역시 최선을 다해 섬겼으며, 일을 마치고 철수하는 목사님들을 축복하며 한 분 한 분에게 특별한 봉투를 더 만들어 드렸으니까요.

그러나 한편으로는 교회가 더 부흥하고 성장하여 이 다음에 예배당을 건축할 기회를 주신다면 비용이 좀 더 들더라도 아마추어가 아닌 전문가에게 맡겨야겠다는 생각이 들었다는 것입니다.

문득, 그리스도인들의 삶을 생각해봅니다. 겉으로 보이지 않는 속옷을 잘 입어야 옷맵시가 예쁜 법입니다. 사람들의 눈에 비친 나의 모습이 하나님 앞에서의 나의 모습과 일치하지 않을 때가 많습니다. 인생의 나침반이요, 잣대가 되는 하나님의 말씀을 기준 삼지 않고, 때로는 나의 생각과 고집들로 적당히 자르고 이어 붙여가며 살다보니 소중한 인생의 날들을 허비하기도 하고, 야곱의 고백처럼 나그네 인생길을 험악한 세월로 보내기도(창 47:9) 하는 것입니다.

'나의 열심'과 '나의 최선'보다는 더디 가더라도, 그리고 대가를 치르더라도 하나님의 말씀에 대한 올곧은 '순종'과 묵묵한 '충성됨'이 더 소중한 가치라는 생각을 해보는 주일 아침입니다.

12. 한가족교회 예배당 이전 이야기

우리가 이사 가기로 한 P교회 자리는 상가 지하실 160평 중 110평을 사용하고 있습니다. 나머지 50평은 M태권도장입니다. 처음 그곳을 놓고 기도하면서 주저했던 것은 크게 세 가지 이유였습니다. 첫째는, 지금도 지하실 교회인데 또 지하실로 가야 하나 하는 것이었고, 둘째는 가격이 우리가 가진 능력 밖으로 컸으며, 마지막으로 지하실에 태권도장이 있어 낮과 밤으로 으랏차차 기합소리와 메트를 뛰어다니는 우당탕쿵탕 소음이 보통이 아니었던 것이었습니다.

게다가 한 3개월쯤 전에 태권도장의 관장 내외가 우리 교회에 등록을 한 터였는데, 겪어보니 참으로 신실한 부부였습니다. 이런 상황에서 우리가 그곳으로 이사를 가면 수요 예배를 비롯하여 금요 기도회, 그리고 주중에도 몇몇 모임이 있는 교회의 형편상 아무래도 소음 문제가 당장 대두될 것이고, 그렇다고 해서 목사와 교인 처지에 좀 조용히 해달라고 싫은 소리도 못하고, 그들은 또 그것이 생업의 현장이므로 교회가 혹시라도 부담을 줄까 하여 주저하였던 것입니다.

이런 가운데 교회 이전을 위하여 매일 밤 40일 작정기도를 선포하고 기도를 하고 있는데, 어느 날 태권도장 관장의 아내인 C성도가 이렇게 말하였습니다.

"목사님, 혹시 저희가 이사를 나가면 이곳으로 오실 결정을 하시겠습니까?"

"왜요?"

"목사님께서 '우리 교회는 150평 이상은 있어야 한다' 고 하셨는데, 그렇다면 이곳이 딱인데, 저희 때문에 못 오시는 것 같아서요."

"아, 예… 하지만 꼭 그 이유만은 아니에요. 아직 하나님께서 분명한 사인을 주시지 않으셔서요."

"목사님, 하나님께서 저희 부부에게 확신을 주셨어요. 저희가 이사를 나가겠습니다. 이곳을 우리 교회가 다 쓰면 좋겠어요."

"어디 나갈 데는 있나요?"

"아뇨. 이제 알아봐야지요."

저는 C성도를 진심으로 축복하였습니다. 그리고 태권도장이 나간다는 것을 하나님의 응답으로 받아들이고 P교회 자리를 구입하는 계약을 하였지요. P교회는 융자를 포함하여 2억 원이 조금 넘었고, 태권도장은 융자를 포함하여 1억 원이 조금 넘는데, 어떤 사람은 내부 수리와 인테리어를 하려면 1억 원은 더 들어갈 것이라고 합니다.

저는 그동안 목회를 하면서 간덩이가 많이 커졌는지, 기왕 빚지는 것 1억 원이나 2억 원이나 계산이 잘 안 되기는 마찬가지이고, 내 능력의 한계 밖이라 하나님께서 해결해주셔야 하는 것이라 생각하고, 하나님께서 주시는 확신 하나만 붙들고 일을 덜컥 저질러 버렸습니다. 그렇게 P교회는 예배당을 비우고 이사를 갔는데, 문제가 하나 생겼습니다.

P교회 목사님께서는 우리와 계약을 하고 나서 보름도 되지 않아 이사를 나가셨습니다. 융자를 제외한 잔금은 그동안 모아놓은 적립금이 있었기에 조금 모자라긴 했지만 수월했습니다. 다만, 융자를 승계함에 있어 제 개인 이름이 아닌 '대한예수교장로회 한가족교회' 이름으로 구입을 하다 보니 들어가는 서류만 20종류가 넘었습니다. 그것도 부지런히 발품을 팔아가며 서류들을 준비하고, 제직들의 인감도장까지 다 받아가며 진행을 시켰고, 한편으로는 교회의 내부 공사를 위해 몇 군데의 견적을 받고 있었습니다. 인테리어 업자들 모두 이구동성으로 태권도장이 나가야 예배실을 비롯해서 이모저모 용도에 맞게 부속실들이 나온다는 것이었습니다.

저는 태권도장 관장 내외에게 '교회가 이사 오기 전 내부 수리 및 인테리어를 해야 하는데, 내부 수리는 전체의 틀 속에서 해야 하므로 교회가 이사 오는 것을 태권도장이 이사 나간 후로 미루겠다'고 말을 했습니다. 그러자 태권도장 관장 내외의 얼굴에 잠시 그림자가 스치는 것이 눈에 띄었습니다. 마침내 관장의 아내 C성도가 드릴 말씀이 있다며 찾아왔습니다.

"목사님, 하나님께서는 왜 우리에게 이사 갈 마음을 주셔 놓고, 갈 길을 안 보여주시는지 모르겠습니다. 우리는 다른 태권도장을 인수해서 나가야 하는데, 이 주변에는 갈 곳이 없네요."

저는 순간 마음이 무거워짐을 느꼈지만, 이 분들도 우리 교회 성도들이므로 잘 되어야 하는 사람들이라는 것을 생각했습니다. 그리고 이렇게 말했습니다.

"너무 조급하게 생각하지 마세요. 그리고 하나님의 인도하심은 때때로 한 치 앞을 볼 수 없을 정도로 안개가 자욱한 것 같아도, 순종하는 마음과 믿음으로 용기를 내어 한 걸음씩 내딛기 시작하면 그다음 길이 새롭게 열려지고, 그렇게 계속 나아가는 가운데 지나놓고 보면 '아하, 하나님께서 이렇게 하시려고 그때 그렇게 하셨구나' 할 때가 올 겁니다. 그리고 교회 때문에 너무 마음 쫓기지 말고 같이 기도하면서 하나님의 인도하심을 받자구요. 저희 부부도 이번 40일 작정기도는 매일 저녁 한 끼씩 금식기도를 하기로 했습니다."

그 와중에 교인들은 오며 가며 새 예배당 자리를 둘러보고 넓어서 좋다느니, 언제 새 교회당으로 이사 가느니 하였습니다. 저는 내부 수리를 잘 해야 하는데, 좋은 업자도 만나야 하고, 또한 아직 등기도 안 났으니 서두를 것 없이 우선 여름성경학교에 집중하자고 했습니다. 그렇게 또 일주일이 지났습니다. 태권도장의 아내 C성도로부터 전화가 왔습니다.

"목사님, 저희 집에 오셔서 심방예배를 좀 드려주세요."

저희 부부는 심방을 하였고, 도착해서 이 가정을 위해 잠시 묵상을 하는데 하나님께서 말씀을 하나 떠오르게 하셨습니다. 이 말씀은 애초에 준비한 말씀이 아니었습니다. 그런데 너무 선명했습니다. 저는 잠시 망설이다가 준비한 말씀을 포기하고, 내 마음에 떠오르게 하신 그 말씀을 전하기로 했습니다. 본문은 다음과 같습니다.

10바로가 가까와 올 때에 이스라엘 자손이 눈을 들어 본즉 애굽 사람들이 자기 뒤에 미친지라 이스라엘 자손이 심히 두려워하여 여호와께 부르짖고 11그들이 또 모세에게 이르되 애굽에 매장지가 없으므로 당신이 우리를 이끌어 내어 이 광야에서 죽게 하느뇨 어찌하여 당신이 우리를 애굽에서 이끌어내어 이같이 우리에게 하느뇨 12우리가 애굽에서 당신에게 고한 말이 이것이 아니뇨 이르기를 우리를 버려두라 우리가 애굽 사람을 섬길 것이라 하지 아니하더뇨 애굽 사람을 섬기는 것이 광야에서 죽는 것보다 낫겠노라 13모세가 백성에게 이르되 너희는 두려워 말고 가만히 서서 여호와께서 오늘날 너희를 위하여 행하시는 구원을 보라 너희가 오늘 본 애굽 사람을 또 다시는 영원히 보지 못하리라 14여호와께서 너희를 위하여 싸우시리니 너희는 가만히 있을지니라 15여호와께서 모세에게 이르시되 너는 어찌하여 내게 부르짖느뇨 이스라엘 자손을 명하여 앞으로 나가게 하고 16지팡이를 들고 손을 바다 위로 내밀어 그것으로 갈라지게 하라 이스라엘 자손이 바다 가운데 육지로 행하리라 (출 14:10-16)

저는 이 말씀을 읽은 후, 어쩌면 태권도장이 놓여진 상황이 이와 같을 수 있다는 말을 했습니다. 앞에는 넘실대는 홍해 바다요, 뒤에는 살기등등한 애굽 군사들의 추격처럼 앞으로 이사를 나가야 할 또 다른 길은 안 보이지, 교회는 이사를 온다고 했다가 내부 수리문제로 태권도장이 나가야 들어온다고 하는데, 언제까지 마냥 예배당을 비워놓을 수도 없는 노릇이지, 또한 태권도장 운영을 하려면 방학 중이라도 계속 아이들 모집과 관리를 해야지, 가정적으로도 쉽지 않는 사정이 있지… 두 내외의 처지와 형편이 사면초가와 같은 모세의 처지와 비슷하리라고 생각한다고 했습니다.

제가 이 말을 하자, 두 내외는 눈물을 흘리기 시작합니다. 저도 콧등이 시큰거려 잠시 말을 멈추었다가 15절, 16절 말씀을 근거로 "하나님께서는 이스라엘 백성들을 젖과 꿀이 흐르는 가나안 땅까지 이끄실 계획이 있기에 애굽에서 건지신 분이시니까, 홍해 바다나 애굽 군사들이라는 현상만 보지 말고 그 이면에 계신 만군의 여호와, 신실하신 하나님을 바라보라. 그리고 '지팡이를 들고 손을 바다 위로 내밀어 그것으로 갈라지게 하라' 는 말씀처럼, 여기서 지팡이를 바다를 향하여 내밀라는 말씀은 최선을 다하라는 말씀이니까, 알아보고 내가 할 수 있는 모든 최선을 다해보라. 그 와중에 하나님께서 어떻게 일하시는지 보게 될 것이다" 라는 요지로 격려하고, 축복을 하였습니다.

부부는 크게 아멘을 하면서 얼굴이 밝아졌고, 우리는 그렇게 함께 음료와 과일들을 나누며, 그 집 아이들의 재롱을 보며 잠시 교제를 나누다가 심방을 마치고 자리에서 일어났습니다.

그리고 또 다시 사흘이 지났습니다. 저는 틈틈이 시간 날 때마다 이사 갈 교회의 지하실 예배당을 둘러보며 내부 공사를 어떻게 하면 좋을까를 생각하며 거닐곤 했는데, 그 날 마침 태권도장 사무실에 있던 C성도가 다가와 "목사님, 드릴 말씀이 있습니다" 하는 것이었습니다.

목회를 10년 넘게 해오면서도 교인 중 누가 심각한 모습으로 "목사님, 드릴 말씀이 있습니다" 하고 다가오면 긴장을 하게 됩니다. 대개는 기쁘고 좋은 소식보다는 사건 사고가 터졌거나, 무거운 기도의 제목들을 가지고 오는 경우들이기 때문입니다. 그러기에 드릴 말씀이 있다며 다가온 C성도의 다음 말을 기다리는 저는 내심 긴장을 할 수밖에요.

"목사님, 처음에 목사님께서 태권도장이 이사를 나가기 전에는 교회가 들어오지 않겠다는 말씀을 하셨을 때 '목사님이 너무 밀어 붙이시는구나' 하는 생각이 들었고, 조금은 야속한 생각이 들었습니다. 그런데 순간 '아, 하나님께서 태권도장을 빨리 옮겨주시겠구나' 하는 마음이 들면서 감사한 마음이 되더군요. 그런데 어찌된 일인지 갈 곳은 보이지 않고, 우리가 가고 싶어 사람을 넣어 알아본 근처의 S태권도장은 펄쩍 뛰면서 말도 못 붙이게 하고… 그래서 한동안 마음이 답답했더랬습니다."

저는 여기까지는 충분히 그랬을 것이라는 짐작이 간 이야기였기에 말없이 계속 듣고만 있었습니다.

"그런데요, 목사님! 아무래도 하나님께서 저희 부부에게 이쯤에서 무슨 말씀을 주실 것이라는 생각이 들었어요. 그래서 저희 부부는 목사님을 청해 심방을 받았던 거예요. 그런데 목사님의 말씀을 듣는 중에 모세에게 홍해 바다를 향해 지팡이를 내밀라는 하나님의 말씀이 꼭 저희 부부에게 주시는 하나님의 음성으로 들렸어요.

다음날, 제 남편은 태권도장만 전문으로 소개하는 M사이트에 익명이 아닌 실명으로 '나는 S태권도장, K태권도장, Y태권도장 등 3곳 중에 하나를 인수하기 원한다. 그곳이 나오면 연락을 해달라' 고 담당자에게 말을 했지요. 그랬더니 M사이트 담당자가 자신들이 성심성의껏 소개할 테니 믿고 맡기겠느냐며 만일 중간에 약속을 어기면 2천만 원의 위약금을 물어야 한다고, 지금 하는 말을 녹음하고 있다고 하는 거예요. 제 남편은 그렇게 하겠노라고 약속했지요.”

“그랬더니요?”

나도 모르게 궁금해서 다음 말을 재촉했습니다.

“그랬더니 약속을 녹음하고 나서야 S태권도장이 나와 있다는 거예요! 우리가 그렇게 인수하고 싶어 하던 바로 그 S태권도장 말예요! 알고 보니 S태권도장도 이 사람들에게 약속을 했기에 중간에 우리하고 하면 2천만 원의 위약금을 물어야 하니까 펄쩍 뛰었던 거죠. 태권도장이나 기타 학원들은 일반 부동산과 달라서 회원들이 있으므로 인수 인계 과정이 매우 민감하고, 소리 소문 없이 해야 하거든요. 저희들은 단순히 순종만 했는데 하나님의 인도하심이 얼마나 정확하고 놀라우신지, 저는 소름이 쫘악 돋는 줄 알았어요, 그래서 내일 계약하기로 했어요.”

그 말을 듣고 저는 “감사하네요. 정말 잘 되었네요” 하는데, 눈물이 핑 돌았습니다. 하나님은 정말 멋지고 놀라우신 분이십니다. 저는 C 성도를 축복하는 기도를 해주고, 그 분들이 원하는 대로, 원하는 날짜에 계약을 하라고, 교회는 위하여 기도하며 준비하겠노라고, 나머지 잔금도 하나님이 주시지 않겠느냐고 격려를 했습니다.

그래서 오는 8월 11일 잔금을 치르는 날로 잡았습니다. 한가족교회는 8월 11일이면 비록 지하실이긴 하지만 실평수 160평의 넓은 곳에 터를 잡게 되는 것입니다. 저는 제직들을 비롯해서 모든 성도들에게 이런 사실을 나누었고, 설레는 마음으로 예배실과 유아실, 카페테리아, 목양실, 어린이와 중고등부 교육관 겸 소예배실, 작은도서관 등 필요 공간에 대한 레이아웃을 공모했습니다. 교회 성도들이 기뻐하며 감사하는 모습을 보며, 건물이 전부는 아니지만 적당한 때에 적당한 건물도 필요하고, 건물이 주는 위로와 의욕을 일으키는 요소가 있다는 생각을 해보게 되었습니다.

새 예배당을 마련함에 있어 어느 정도 은행 융자가 있지만, 열심히 전도하고 교회의 본질에 충성하노라면 하나님께서 영혼들도 보내주실 것이고, 재정적인 필요도 채워 주시리라 믿습니다.

모든 영광을 하나님 우리 아버지께 돌립니다.

13. 나의 아프리카 이야기

1. 라면 먹을 때마다 나는 생각

아프리카는 한 마디로 단절의 세계입니다. 우리가 살던 마을은 전기도 없고, 전화도 없고, 수돗물도 없는 그야말로 있는 것보다는 없는 것이 더 많은 곳이었습니다. 배터리로 TV를 보고, 가스불로 냉장고를 가동시키는 그런 곳이었습니다(아마 이런 냉장고 모르는 분들 많을 걸요). 편지를 한 번 보내면 항공우편이 가는 데 보름, 오는 데 보름, 그리고 게으른 속성상 답장 쓰는데 한 달, 그러니까 빨라야 두 달 만에 답장을 받는 셈입니다.

어느 날, 저를 무척 좋아하는 분으로부터 편지를 받았습니다. 안부 인사와 함께 아프리카에서 애쓰는 우리를 위해 뭔가 하나를 보내주고 싶은데, 부담 갖지 말고 청하라는 것이었습니다. 하지만 워낙 먼 곳이라 작은 물건도 항공우편으로 보낼 경우, 우편요금 때문에 배보

118

다 배꼽이 더 큰 결과가 되고, 또 그렇다고 사양하면 성의를 무시하는 것 같아서 저희 부부는 고심 끝에 선편으로 라면 한 상자를 부탁하기로 했습니다. 우선, 라면은 가격이 덜 부담스럽고, 석 달이 걸리는 운송기간에도 무난하며, 한국 입맛을 살려볼 수도 있고, 또 친구들에게도 나눠주며 한국을 소개할 수 있을 것이기 때문이었습니다.

그런데 어찌된 일인지 라면은 오지 않았습니다. 아니, 워낙 오래 걸리니까 잊어버리고 있었습니다. 그리고 몇 달이 지난 어느 날, 저희 부부는 편지 한 통을 받았습니다. 그 분이었습니다. 반가운 마음에 얼른 뜯어보았습니다. 아프리카의 동물 우표가 붙은 편지를 받고 감동스러웠다는 둥 여러 안부가 있었고, 마지막 추신에는 이렇게 씌어 있었습니다.

추신: 지난번에 라면을 보내달라고 하셨지요? 그런데 어떤 라면을 보내드릴까요?

아프리카는 참 먼 나라입니다.

2. 양말 신은 신생아

신학대학 졸업 후, 부르심에 순종하여 아프리카를 향해서 떠날 때 저희 부부는 결혼한 지 한 달밖에 안 된 신혼이었습니다. 우선, 제가 먼저 가서 정착키로 하고, 아내는 6개월 후에 왔는데, 그녀는 혼자가 아니었습니다. 그러니까 하나님이 제게 주신 선물, 아기가 있었습니다.

당시 저희 선교부의 팀 사역자들은 텐트메이커(자비량선교사)들로서 수도도, 전기도, 전화도 없는 오지에서 기술학교를 세우고, 날마다 원주민들을 가르치고 있었는데, 하루하루 불러오는 아내의 배는 무척 고민스러웠습니다. 한국에 가서 아기를 낳을 것인가, 아니면 이곳에서 낳을 것인가? 아기를 처음 낳아보고, 또 옆에서 도움을 줄 만한 어른들도 안 계시는데, 그리고 항공편은 임신 8개월쯤 되면 만일을 염려해서 임산부의 탑승을 거절한다고 하는데…

가장인 저로서는 빨리 결정을 해야 했습니다. 하지만 한국으로 돌아가기에는 형편이 여러 모로 여의치 않았습니다. 마음의 혼란스러움과 고민으로 이 일을 깊이 생각할 때에 등 뒤로 다가온 아내가 제 어깨를 어루만지며 이렇게 말했습니다.

"여보, 저는 여기에서 아기를 낳겠어요. 이 나라 사람들도 다 아기 낳고 사는데요…"

하지만 이곳은 환경이 매우 열악했습니다. 에이즈가 많은 나라이며, 병원은 없었고, 한 100km 떨어진 곳에 작은 보건소 같은 것이 하나 있을 따름이었습니다.

결국 계속 되는 분주함 속에 아무것도 결정하지 못한 채 날짜는 지나갔고, 아내는 진통을 시작했습니다. 100km 떨어진 보건소를 향해 진통으로 신음하는 아내를 태우고 비포장 도로를 달리는 길은 남편으로서 아내에게 미안하고, 주님 때문이긴 하지만 이런 처지와 형편을 겪어야 하는 상황이 그야말로 눈물이 앞을 가리는 길이었습니다.

이윽고 도착한 보건소 카운터에는 굉장히 뚱뚱한 흑인 간호사가 한 가로이 앉아 있었습니다. 제가 다가가 도와달라고, 내 아내가 아기를 낳아야 한다고 말을 했더니, 그녀는 눈을 크게 끔벅거리며 "정말이냐고?" 몇 번이나 확인을 하는 것이었습니다. 다급한 저는 그녀를 똑바로 보며 "나는 당신의 도움이 필요합니다. 내 아내가 아기를 낳아야 합니다" 라고 말했습니다. 그러자 이 간호사는 얼굴 표정이 변하는가 싶더니 호들갑스럽게 사람들을 소리쳐 부르며 뛰어다니는 것이었습니다(참고; 이곳 원주민들은 더운 나라라서 그런지 좀처럼 안 뛰어다님).

아내는 그 간호사의 도움으로 순산할 수가 있었습니다. 한국과 달리 면회시간 외에는 병실에 못 들어가게 하는 철저함 때문에 저는 언제 나올지 모르는 아기를 기다리며 자동차에서 쪼그려 자다가 다음 날 아내의 병실을 방문하고서야, 이제 갓 세상에 나온 제 아들을 만날 수 있었습니다. 아내가 고맙고, 도움을 준 사람들이 고맙고, 세상 모두가 아름답게 보이던 순간이었습니다.

그런데 이상했습니다. 신생아가 양말을 신고 있었던 것입니다. 그것도 실로 뜬 빨갛고 노란 양말을! 휘둥그레진 제 눈을 보고 아내는 웃었습니다. 조금 있다가 그 뚱뚱한 간호사가 들어와서는 솥뚜껑만한 손으로 제 어깨를 툭툭 치며 말했습니다.

"브라더 데이빗, 돈 워리. 이 보건소가 백인들에 의해 세워진 지 70년이 넘었지만 한 번도 백인이 우리에게 도움을 청한 적은 없었지. 그런데 너는 달랐어. 우리 보건소가 생긴 이후 최초로 우리에게 맡겨진 너는 정말 우리의 형제임을 확인했어. 양말? 그건 우리의 선물이야. 우린 형제니까."

제 아들은 한때 조상이 식인종이었다던 그들의 손에 의해 태어났고, 그들이 이름을 지어줬고, 그들 틈에서 자랐습니다. 막힌 담이 헐어지던 순간이었습니다.

아, 저는 아프리카를 사랑합니다.

3. 아내의 손길

보츠와나(Botswana)에 살던 5년 동안 아내는 제 머리를 잘라줬습니다. 다른 것도 그렇지만 머리만큼은 곱슬곱슬한 그들과 달라서 생머리를 잘라본 경험이 없는 그들에게 머리를 맡기기도 그렇고, 무엇보다 구경거리가 되고 싶지 않아서였습니다. 정원의 나무그늘 아래에서 목에 천 하나를 두르고 의자에 앉아 나의 머리칼을 만지는 아내의 손길과 숨결을 느끼며 이런저런 얘기를 나누는 것은 그야말로 행복 그 자체였습니다.

몇 년 후 한국에 도착하던 첫 날, 아무것도 모르시는 어머니는 눈에 들어온 아들의 머리를 두고 한 마디 하십니다.

"애, 너는 머리가 그게 뭐니?"

그 날 이후, 아내의 손길은 제 머리에서 떠났습니다. 바쁘다는 핑계와 함께.

이젠 저도 간편하고 빠르며, 솜씨 좋은 이발소를 이용합니다. 그러나 머리칼이 뜯기고, 어쩌다 가위로 귀를 집히고, 머리카락이 들어가 목덜미가 따가울 정도로 시간이 오래 걸려도 아내의 손길이 그리워집니다. 아무래도 아프리카에 다시 가야 할까 봅니다. 한국에서 잃어버린 아내의 손길을 찾으러.

4. 으, 머리통 잘라

아프리카에 살면서 한국 음식을 먹는다는 것은 무척 호사스러운 일입니다. 주님께 순종하여 젊은 날의 한때를 이 한 몸 초개(草芥)와 같이 사르리라고 두 주먹 불끈 쥐고 왔건만, 이를 어쩐다, 된장찌개 먹고 싶고, 김치 먹고 싶어서 처음 일 년은 얼마나 힘이 들었던지 뜻이고, 초개(草芥)고 간에 도망쳐 버리고 싶었습니다. 그래서 양배추에다 중국인 상점에서 비싸게 구한 고춧가루와 소금을 뿌려 대충 버무려 김치 흉내를 내보았지만, 그게 어디 김치만 하겠는가요? 아무튼 그것도 적당히 발효시키니까 시큼털털한 게 먹을 만은 합니다.

그러던 어느 날, 한국에서 방문하신 장인, 장모님 덕분에 김이며, 라면이며, 고추장이며 그 기막힌 것을 구경할 수 있었습니다. 얼마나 감동이 되던지! 그 중에 하나, 치약같이 생긴 튜브를 짜서 나오는 노란 겨자가 있었는데, 사위가(딸도) 아프리카 뜨거운 나라에서 고생한다고 냉면을 해주기 위해 노인들께서 일부러 챙겨 가져오신 것이었습니다.

그런데, 우리 집에는 나와 함께 거의 많은 시간을 보내며 내게 현지어를 가르쳐주고, 또 함께 오래 있다 보니까 한국말도 조금씩 하는 흑인 친구가 하나 있었는데, 일은 그에게서 터졌습니다. 난생 처음으로 먹는 그 이국적인 음식(냉면)을 앞에 놓고 함께 식사하는 자리에서 내가 냉면에 겨자를 넣는 모습을 유심히 보던 그는 그 노란 것을 아마 땅콩 잼으로 생각했던 모양입니다. 미처 설명도, 말릴 틈도 없이 한 수저를 푹 떠서 입에 넣었것다. 자리에서 벌떡 일어나더니 아는 한국말 총동원하여 호소합니다.

"으, 으, 머리통 짤라(잘라), 머리통!"

그 큰 덩치가 경중경중 뛰면서 물을 마신다, 양치를 한다, 그야말로 똥마려운 강아지처럼 쩔쩔매는 것이었습니다. 평소 좀 오버하던 친구이긴 했지만, 그땐 정말 걱정되었습니다. 하지만 나는 왜 그렇게 심각한 자리에서도 실실 웃음이 나오는지… 진심으로 걱정은 하면서도 우스워서 표정관리가 안 되었습니다. 숟가락질 한 번 잘못했다가 눈물이 쏙 빠진 친구가 나를 향해 눈을 흘깁니다.

"왜 그래, 자네 머리통은 안 잘리고 잘 붙어 있구만!(영어로)"

그 후, 그는 나와 식사를 할 때면 늘 "머리통 짤라는 노!" 라고 외칩니다. 그래서 저는 가끔 맛있는 음식을 앞에 놓고는 농담을 하지요.

"그것, 건드리지 마! 머리통 짤라여, 아니 머리통 터지는 거여."

순박한 아프리카 친구들이 그리운 아침입니다.

5. 삶의 의미

어느 날, 백인 친구와 부시맨 마을을 들어간 적이 있습니다. 길도 없는 칼라하리 사막을 횡단하다시피 하는 오지(奧地)라 힘 좋은 랜드로버 4x4 사륜 구동 트럭에 갖은 장비를 다 실었습니다. 여덟 시간 이상 비포장도로를 달려갔을까, 칼라하리 사막 한가운데서 날이 저물었습니다. 황량한 사막에서 모닥불을 피워놓고 쏟아지는 별들 아래 이름 모를 차 한 잔은 그야말로 일품이었습니다.

밤이 깊어 잠자리에 들 시간이 되자, 친구는 트럭 위에서 잠을 자겠다는 것이었습니다. 저는 한국에서 가져간 그 날렵한 코오롱 텐트에서 자겠다고 했습니다. 몇 번이고 괜찮겠느냐고 묻던 친구는 트럭 위에 대충 벌렁 눕고, 저는 텐트에 들었습니다.

어디선가 들려오는 짐승들의 울부짖음 소리, 윙윙 부는 칼라하리 사막의 바람소리 …

이런저런 생각에 잠을 설치고 뒤척이다 화장실 생각이 나서 일어나 나와 보니 어슴푸레 밝아오는 새벽녘이었습니다. 밤새 피워놓은 모닥

불은 꺼져 있었고, 제 텐트 주변에는 짐승 발자국이 몇 개 찍혀 있었는데, 그건 사자 발자국이었습니다!

그때 어디선가 바람 한 줄기가 제 머리칼을 헝클어 놓았습니다. 한 줄기 바람에도, 작은 빵 한 조각에도 감사하며 삶의 의미가 가슴 깊은 곳에서부터 느껴지던 순간이었습니다. 인생은 살아갈 가치가 충분히 있다는 것을 지금도 가끔 생각하게 하는 작은 경험입니다.

6. 무식하면 용감해

아프리카에서 생활한 지 얼마 안 되던 어느 날, 모처럼 시내의 근사한 레스토랑에 간 적이 있습니다. 우선 큼지막한 티-본 스테이크를 시켜놓고, 나이프가 오른손인지 포크가 오른손인지 헷갈려 하다가, 에라 모르겠다 아무렇게나 편한 대로 몇 점 들려는 순간, 갑자기 현관문을 박차고 들어오는 복면사내 두 명이 있었습니다.

이들의 손에는 언뜻 보기에 M16 비슷한 총기가 들려 있었는데, 우리는 워낙 순간적인 일이라, 그리고 이런 일은 평생에 한 번도 겪어본 적이 없어 멀뚱멀뚱 보고만 있었습니다. 그런데 그들은 우리 따위는 안중에도 없는 듯 재빠르게 성큼성큼 카운터로 걸어가 현금을 챙기고는 유유히 사라져 버렸습니다.

조금 후, 바닥에 엎드려 있었거나, 홀에 있던 손님들이(주로 백인들) 하나둘 일어났습니다. 그리고 우리를 보고는 가뜩이나 큰 눈을 휘둥그레 크게 뜨고는 수군대는 것이었습니다. 저는 갑자기 어색해져서 삼키려던 고기가 목에 걸립니다. 말도 잘 안 통하고, 뭐든지 익숙지 않았던, 그야말로 무식하니까 용감했던 때의 이야기입니다.

7. 유언장

나이 서른 살 무렵이던 어느 날, 저희 부부는 유언장을 썼던 적이 있습니다. 아프리카에 살던 때였는데, 평소 가까이 지내던 한 사람의 죽음을 보고 온 날이었습니다. 저희들 역시 사나운 들짐승들과 마당에서도 발견되는 전갈들, 에이즈와 말라리아, 그리고 알 수 없는 각종 전염병들은 물론, 한국대사관도 없는 낯선 땅에서의 예기치 못할 위험 등에 늘 노출되어 있었기에 우리의 죽음을 위한 유언장을 써놓아야겠다는 생각을 한 것입니다.

기독교 신앙을 배경으로 한 인생 가치관을 가졌으므로 죽음 그 자체에 대한 두려움은 없었고, 어떤 소명의식으로 젊은 날의 한때를 검은 피부를 가진 형제들을 섬기며 살겠다고 이역만리까지 왔지만, 전기도 없는 마을에서 촛불 한 자루를 켜놓고 아내와 마주앉아 서로의 유언장을 바꾸어 읽으면서 얼마나 가슴이 메어졌던지 …

죽음이란 단어가 주는 무게를 현실감 있게 느끼면서 참 많은 것을 생각하게 되었습니다. 내가 소중히 여기고 있는 것들과 급한 것들과 중요한 것들에 대한 새로운 관점이 생기게 되었고, 우선순위에 대한 안목도 나름대로 생기더군요. 죽음을 입에 올리면 우리는 대개 섬뜩해 하거나, 재수 없어 합니다. 그래서 한국 사람들은 아프지 말고, 자다가 죽거나 죽더라도 급사하는 쪽을 선택합니다. 그래서 가족 중 누구라도 암과 같은 시한부 질병을 앓게 되면, 본인이 받은 충격과 고통을 염려해서 그 사실을 숨기게 됩니다.

그러나 외국에서는 죽음을 앞둔 사람에게 정확히 그의 상태를 설명하고, 생명을 영위할 수 있는 날들이 앞으로 얼마 정도 남았는지를 가능한 한 상세히 말해줍니다. 어찌 보면 좀 잔인해 보이는 것 같아도 당사자로 하여금 얼마 남지 않은 생의 시간들을 허비하지 않고 만날 사람들을 만나게 하고, 정리할 것을 정리할 수 있도록 기회를 주겠다는 것입니다.

어느 것이 더 옳다고 속단하기는 어렵지만, 제가 만일 그런 경우를 만난다면 저는 그 사실을 말해 주었으면 좋겠고, 또 말해 줄 것 같습니다. 가끔씩 오늘, 또는 내일 죽을 수도 있다는 가정을 해보면 삶이 좀 너그러워지고, 오늘 내가 그렇게도 안절부절 못하며 조급해 하는 일들에 대해서도 좀 마음 편히 먹을 수 있지 않을는지요.

8. 삶의 변화

보츠와나에 살 때 이야기입니다. 외국인으로 살아서인지, 사람을 좋아해서인지 저는 비교적 친구의 폭이 넓은 편입니다. 그 날도 시내에 나왔다가 국회의원으로 있는 친구를 만나기 위해 국회의사당으로 갔습니다.

친구는 곧 나왔고, 문득 카메라가 있기에 의사당을 배경으로 그 친구와 사진을 한 장 찍고 싶었습니다. 그러자 친구는 잠깐 기다리라고 하더니 수위에게 가서 어디서 사진을 찍으면 좋을 지를 묻는 것이었습니다. 그리고 우리는 수위가 지정해준 자리로 가서 사진을 찍었습니다.

의아해하는 저에게 그 친구는 당연하다는 듯이 말합니다.

"이건, 저 사람 영역이니까."

국회의원이면서도 수위의 영역을 침범하지 않는 나라. 만일 우리나라 국회의원이라면 어떻게 했을까요? 그러고 보면 우리는 너무 결심도 많고, 구호들도 많은 것 같습니다. 사실 삶의 변화는 작은 데서부터 시작되는 것인데 말이죠.

9. 대통령의 연설

아프리카는 햇볕이 아주 많은 나라입니다. 그래서 여름은 무척 덥습니다. 아니, 계속되는 사막화와 그 열기를 담아 불어오는 바람은 차라리 뜨겁다는 말이 적당할 것 같습니다. 무심코 주차해 놓은 자동차 본 네트에 손을 대면 어찌나 뜨겁던지 손바닥이 델 정도이고, 계란 프라이라도 부쳐 먹을 수 있을 것 같습니다. 자동차를 수리하는 K군은 망치와 같이 열을 받기 쉬운 쇠붙이 연장은 늘 물에다 담가놓고 쓰곤 했습니다.

그래서일까요, 일 년에 두 달 정도 잠깐 비가 쏟아지는 우기(雨期)는 사람들에게 희망을 상징합니다. 어느 날, 이 나라(Botswana)의 대통령이 대중 연설을 하는 것을 볼 기회가 있었습니다. 국토는 우리 한반도의 세 배 정도이지만 인구는 고작 200만 명 정도의 워낙 작은 나라라 그런지, 오랜 영국 식민지를 경험하며 자연스레 체득한 민주주의 영향 때문인지, 아니면 그네들 특유의 국민성 까닭인지 대통령은 누구나 다가갈 수 있는 친근한 거리에 있습니다(그는 삼엄한 경호가 있는 우리나라에도 온 적이 있습니다).

단상에 오른 그는 아프리카 흑인들 특유의 과장된 제스처와 함께 "뿔라!(pula!), 뿔라!, 뿔라!" 하고 짧은 구호만을 세 번 외치고 내려왔는데, 군중들의 환호는 정말 대단했습니다.

뿔라! 이 말은 '비(rain)'라는 보츠와나어 단어로서, 이 나라의 화폐 단위이기도 하고, '만세'라는 말이기도 하고, '신의 은총'이라는 말이기도 합니다.

경직된 표정으로 장황하게 연설하는 우리 지도자들의 모습에 익숙해 있던 제 가슴에는 새로운 바람 한 줄기가 스치는 청량감이 있었습니다. 다원화와 다양성의 포스트모던 시대에서 그저 격식 없이 "만세!" 한번 외치고 내려올 수 있는 해학과 유머가 있는 지도자들이 그립습니다.

10. 돈 걱정은 말구

몇 해 전, 아프리카에서 5년 동안 선교 사역을 하고 왔을 때, 김포공항에는 사랑하는 가족이 나와 있었습니다.

"고생이 많았지? 저녁 때인데 뭐가 먹고 싶은가?"

조국 땅에 가까워올 즈음 비행기 안에서 갑자기 먹고 싶던 자장면과 떡볶이가 생각이 나서 입맛을 다시며 '자장면, 떡볶이'를 외쳐댔는데, 어찌 됐을까요?

"애비야, 돈 생각은 말어. 맛있는 것으로 먹자구. 자, 가자!"

결국, 아프리카 땅에서 그 흔하던 쇠고기 주물럭 등심을 먹고 말았습니다. 저녁 값으로 10만 원쯤이 계산되는 것을 보면서 큰돈의 아까움과 동시에 '아, 자장면이 먹고 싶은데…' 하는 생각에 못내 아쉬웠습니다.

그 후, 그동안 못 만났던 친구들과 찾아뵌 몇몇 은사님들께서는 "뭐 먹고 싶은 것 있으면 얘기해" 하시곤 했습니다. 그럴 때면 염치없지만 그동안 먹고 싶었던 순두부찌개와 된장찌개, 설렁탕 같은 것을 주문했는데, 모두들 어쩜 그리 똑같은지 …

"또 먹고 싶은 것이 뭐 있어? 체면 차리지 말고 얘기해. 돈 걱정은 하지 말라구."

한결같은 말과 함께 갈빗집과 같은 코스로 방향을 잡곤 했습니다.

오늘은 감기 몸살로 컨디션이 좀 좋지 않습니다. 뭐가 좀 먹고 싶다는 생각과 함께 인정도 많고, 그러나 다분히 자기중심적인 우리의 친절에 대한 생각이 나서 한 번 끄적거려 보았습니다. 저는 지금, 얼큰한 콩나물국에 고춧가루 탁 풀어서 한 그릇 훌훌 마시고 싶습니다.

제3부

그리스도인의 바른 자세

1. 구원의 확신에 대하여

예수님 (하나님의 아들로서 나를 위해 그 영광을 포기하시고 이 땅에 사람으로 오셔서 십자가에 못 박혀 죽으심으로써 나의 죄를 대속(代贖)하시고, 또 장사한 지 사흘 만에 사망 권세를 깨뜨리시고 부활하신 분) 을 믿는 우리는 죄사함을 받고 '구원' 을 받으며, 의롭다 칭함을 받는 하나님의 자녀가 되었습니다.

이 사실은 복음(福音)이며, 우리 기독교인들의 신앙에 있어서 매우 기본적인 출발점이 됩니다.

그런데 구원이라는 것이 쉬운 듯하면서도 좀 복잡해서 막상 '당신은 구원을 받았습니까?' 라고 물어보면 선뜻 대답을 하지 못하는 경우도 있고, 설령 대답을 했다 하더라도 '구원 받음을 어떻게 아느냐?' 라고 확인에 들어가면 그 이후의 대답을 속 시원하게 하는 사람들이 많지 않습니다. 게다가 여기에 '당신이 진정으로 구원을 받았는지 솔직히 한번 말해보라' 며 '진정으로' 라든지 '솔직히' 를 힘주어가면서 질문하면 그 서슬에 위축되어 말꼬리를 흐리기 십상입니다.

나는 비록 전문적인 조직신학자는 아니지만 한 교회를 담임하며 맡겨진 성도들의 신앙을 지도하는 목회자로서 매우 초보적인 수준에서 '구원과 구원의 확신' 문제를 언급해보고자 합니다.

1. 구원이란 무엇인가?

구원은 죄로 말미암아 하나님과 단절되었던 인간이 하나님의 은혜로 다시 하나님과의 관계가 회복되는 것입니다.

15여호와 하나님이 그 사람을 이끌어 에덴 동산에 두사 그것을 다스리며 지키게 하시고 16여호와 하나님이 그 사람에게 명하여 가라사대 동산 각종 나무의 실과는 네가 임의로 먹되 17선악을 알게 하는 나무의 실과는 먹지 말라 네가 먹는 날에는 정녕 죽으리라 하시니라 (창 2:15-17)

에덴동산에서의 첫 사람 아담의 불순종은 하나님의 말씀대로 죽음을 가져왔습니다. 그런데, 사실 아담과 하와가 금단(禁斷)의 열매를 먹었다고 해서 육체적으로 당장 죽은 것은 아닙니다. 그 열매에 무슨 독이 있는 것은 아니었기 때문입니다. 그들은 그 이후에도 상당한 세월을 살았고, 자녀들을 낳았습니다. 그러니까 이 열매는 그저 열매 자체의 독성 여부가 아니라 하나님께 순종을 하는 여부를 점검하는 체크포인트(check-point)에 불과했던 것입니다.

하나님께 불순종한 인간은 에덴으로부터 추방되었고, 하나님과의 관계는 단절되었습니다. 그리고 죄로 말미암아 죽음이 찾아오게 되었습니다.

죄의 삯은 사망이요 (롬 6:23)

한번 죽는 것은 사람에게 정하신 것이요 그 후에는 심판이 있으리니 (히 9:27)

그렇습니다. 죄로 말미암아 하나님과 단절되는 것, 이것이 죽음이며 심판인 것입니다. 물론 우리가 알고 있는 영원히 꺼지지 않는 불이 있는 지옥 형벌은 예수님 재림 후 최종 심판 때 이루어질 것입니다.

금단의 열매를 따먹은 이후, 당장 죽지 않았다고 해서 죽지 않은 것이 아닙니다. 마치 꽃병에 꽂힌 꽃이 그 색채의 화려함을 자랑하나 그것은 단절(斷折), 즉 잘려짐으로 살았다 하나 이미 죽은 것입니다. 마찬가지로 인간은 범죄로 인해 하나님과의 관계가 단절된 존재요, 죽은 존재가 되었습니다.

이런 인간을 하나님께서 일방적으로 찾아와 다시 살길을 주시고, 살도록 하신 것이 구원입니다.

우리가 아직 죄인 되었을 때에 그리스도께서 우리를 위하여 죽으심으로 하나님께서 우리에게 대한 자기의 사랑을 확증하셨느니라(롬 5:8)

9하나님의 사랑이 우리에게 이렇게 나타난바 되었으니 하나님이 자기의 독생자를 세상에 보내심은 저로 말미암아 우리를 살리려 하심

이니라 10사랑은 여기 있으니 우리가 하나님을 사랑한 것이 아니요 오
직 하나님이 우리를 사랑하사 우리 죄를 위하여 화목제로 그 아들을
보내셨음이니라 (요일 4:9-10)

우리가 하나님을 알기도 전에 하나님께서 우리를 살리시려고 그 아
들을 화목제물로 보내셨다는 것입니다. 우리가 여전히 죄인이었을 때,
그리스도께서 우리를 위하여 죽으심으로써 하나님의 사랑을 확인시
켜주신 것입니다. 우리는 우리의 구원을 위해서 한 것이 아무것도 없
습니다. 그저 주신 이 은혜를 감사함으로 받은 것뿐입니다. 이 받는
것을 '믿음'이라고 합니다. 믿음은 나의 액션(Action), 즉 행위가 아닙니
다. 그저 받아들이는 것입니다. 성경은 이 믿음을 말씀하십니다.

하나님이 세상을 이처럼 사랑하사 독생자를 주셨으니 이는 저를
믿는 자마다 멸망치 않고 영생을 얻게 하려 하심이니라 (요 3:16)
내가 진실로 진실로 너희에게 이르노니 내 말을 듣고 또 나 보내신
이를 믿는 자는 영생을 얻었고 심판에 이르지 아니하나니 사망에서
생명으로 옮겼느니라 (요 5:24)

2. 구원의 방법에 대한 두 가지 갈림길

기독교 안에는 구원의 방법에 대한 두 가지 서로 다른 입장이 있습
니다. 첫째는 '하나님의 은혜로 구원을 받는다'는 입장이고, 또 하나
는 '(인간의) 믿음으로 구원을 받는다'는 입장입니다. 전자는 충분치는
않지만, 이미 위에서 설명을 하였으므로 중복되는 설명은 생략하기로

합니다. 다만, 전자의 입장은 주로 개혁주의로 일컬어지는 장로교회 입장입니다.

(인간의) 믿음으로 구원을 받는다는 입장을 가진 분들도 인간은 죄인이며, 사망 아래 놓여 심판 받을 존재임을 하나님의 은혜로 구원을 얻는다는 사람들과 똑 같이 인정합니다. 그리고 오직 구원의 유일한 길은 예수 그리스도의 십자가 대속의 보혈의 공로임도 똑같이 인정합니다. 다만, 그 예수를 받아들임에 있어 인간의 자유의지, 즉 인간의 책임 있는 믿음이 강조되고 있는 것입니다. 이것이 서로 다른 입장입니다.

한 마디로 '믿으면 구원, 안 믿으면 (당신이 안 믿었으니까) 지옥' 이라는 것입니다. '예수 천당! 불신 지옥!' 어디서 많이 들어보지 않았는가요? 이 것은 알미나우스라는 학자가 주장했던 것이고, 이 계열에 속한 사람들을 알미니안이라고 하며 주로 감리교, 성결교, 오순절파(순복음), 구세군, 나사렛, 침례교 등이 여기에 서 있습니다.

알미니안들은 열심히 믿습니다. 전도도 한 사람이라도 더 만나려고 열심히 합니다. 그도 그럴 것이 구원의 최종 책임이 믿음의 주체인 인간에게 있기 때문입니다. 그런데 문제는 인간이라는 존재의 한계성 때문에 잘 믿다가도 중도에 그 믿음이 취소될 수 있습니다. 죽기 직전에 못 믿겠다는 말이라도 하면 평생의 신앙이 일순간에 물거품이 되듯, 그의 구원 문제가 혼미에 빠져버립니다.

말이 좀 곁길로 새는 느낌이라 다시 논점으로 돌아와서 구원의 확신과 구원 문제를 생각해보고자 합니다.

3. 구원의 확신과 구원 여부

반드시 구원의 확신이 있어야 구원을 받을까 하는 질문입니다. 그동안 우리는 복음을 듣고 이해하고 믿는 여부를 확인하는 수단으로 '구원의 확신'을 보았습니다. 즉 구원의 확신은 마치 밥그릇에 독이 있는지 그 색깔의 변함을 보고 아는 은수저와 같이 한 사람이 정말 예수님을 자신의 구주로 믿으며, 구원 받았음을 확인하는 바로미터로 보았습니다.

전도를 해도 당장 그 자리에서 예수를 영접시키고, 기도를 하고, 그리고 바로 성경 구절 하나를 읽어 주고 구원의 확신을 가지라고, 가져야 한다고, 이제 예수님을 영접한다고 말했으므로(나를 따라서 영접 기도를 했으므로) 당신은 구원 받은 것이라고 말했습니다.

그럴까요? 정말 그 사람은 그 순간 구원을 받은 것일까요?

그런데 문제는 내가 받았다는 구원이 '실감'이 나지 않는다는 것입니다. 좀 더 솔직히 말하면, 죄를 짓거나 그러면 구원 받지 못한 것 같은 느낌이 든다는 것입니다. 어떤 면에서 구원의 확신은 구원의 확신을 가져야 한다는 당위(當爲)와 학습에 의한 것일 수도 있습니다.

구원이 하나님의 은혜로 받는 것이라면 구원은 우리의 확신 이전의 사건입니다. 구원의 확신은 나중에 '알아가는' 진행적 사건입니다. 예수님을 믿기로 전 인격적인 결단을 하고, 또 믿어가면서 하나님이 정말로 계시는구나 하는 것과 하나님이 나를 얼마나 사랑하시는지를 날마다 확인해가는 것입니다. 구원은 전 인격적이며, 평생을 두고 가는 과정입니다. 즉, 우리는 구원을 이미 받았고, 현재 받고 있으며, 앞으로 받을 것입니다.

우리나라가 서구화가 되면서 언제부터인가 양은냄비들이 들어왔습니다. 진흙으로 빚은 뚝배기에 비해 열전도율이 좋아 끓기도 금방 끓고, 깨지지도 않고 가벼운 것이 여간 편리한 것이 아니었습니다. 그런데 문제는 그 열전도율이라는 것이 열을 잃어버리는 데도 빨라서 쉬 뜨거워졌다가 쉬 식는다는 것입니다. 여기서 '냄비 근성'이라는 말이 나왔습니다. 어떤 사회적 이슈가 나오면 쉬 끓듯 요란하다가 어느새 쉬 식어버리는 세태를 풍자한 말입니다.

그동안 급속한 교회 성장과 부흥을 한 한국 교회는 빨리 결과를 보고자 하는 개발논리 또는 시류에 편승해서인지 이 풍성한 하나님의 구원을 너무 인스턴트 식으로 조잡하게 다뤄왔던 것은 아닌가 하는 생각이 듭니다. 무슨 전도 집회나 부흥회를 하면 웬 결신자들이 그리 많이 나오는지 …

물론 나는 이것을 부정적으로 보는 것은 아닙니다. 나 역시 부흥집회 때 결신을 결단하고, 예수를 영접하겠노라고 손을 들고 일어났던 사람입니다. 그런데 문제는 마음 찔리는 부흥집회 때마다, 예수님을 새로이 믿고 새사람 되어 살 사람 손들라고 도전받을 때마다 손들고 일어나기를 십여 번을 했다는 것입니다.

그렇다면 나는 언제 구원을 받은 것일까요? 결론은 모른다는 것입니다. 그저 하나님의 은혜로 창세전에 택정함을 받았다는 것입니다(엡 1:4). 감정적이고, 나의 단편적인 성경 몇 구절 알게 되고 확신한 그 순간, 구원이 결정된 것이 아니라는 것입니다. 물론 하나님께서는 그 과정을 사용하셔서 이미 예수 안에서 있었던 나의 구원을 비로소 인식하게 하신 것입니다.

이 글을 읽는 분들 중에는 지금 당장 구원의 확신이 없는 사람들도 있을 것입니다. 그렇다고 '나는 구원을 못 받았음에 틀림없다' 고 너무 비관하지 않기를 바랍니다. 말씀을 읽고 묵상하며, 신앙생활을 하는 중에 하나님께서 구원의 확신을 주시는 때가 올 것입니다. 그리고 구원의 확신이 있다 하여 구원의 확신이 없는 또 다른 사람을 정죄하지도 말기를 바랍니다. 구원은 하나님의 전적인 은혜이며, 진정한 구원을 받은 자들은 하나님 앞에 감사할 것 밖에는 없다는 것을 확인합니다.

물론, 말세에는 알곡과 가라지가 섞여 있다는 말씀처럼 구원 받은 자들과 그렇지 못한 자들이 뒤섞여 있습니다. 그런데 누가 구원 받았는지, 아니면 구원을 못 받았는지 그걸 누가 알겠습니까? 우리 주님도 아직 확인해 주시지 않고, 그저 심판의 날까지 놔두신 것을 우리가 구별하려 들지 말아야 합니다. 우리는 그저 나 같은 죄인에게 은혜를 베푸사 구원하여 주신 것을 감사하며, 다른 사람들에게 이 풍성한 은혜를 나누며 복음을 전하면 그뿐입니다. 그래서 구원은 돌짝 밭에 감춰진 보화처럼 경험하고 맛본 사람들만이 소중히 여기는 비밀입니다.

2. 그리스도인의 상담에 대하여

요즘은 논문을 쓰지 않고 시험을 치르는 것으로 대신하기도 한다는 이야기를 들었습니다만, 제가 대학원(M.Div)을 다닐 때는 반드시 논문이 통과되어야 졸업을 할 수 있었습니다. 그래서 그 논문은 '졸업논문'이라 불렸고, 더러 논문이 통과되지 않아 졸업이 늦어지는 분들도 심심치 않게 볼 수 있었습니다.

저 역시 졸업논문으로 인해 여러 날 고민을 하던 시절이 있었습니다. 하도 답답해서 지도교수님을 찾아가면, 교수님은 제 이야기나 논문의 막힌 부분을 한번 훑어보시고는 '아무 책 어느 부분을 한번 읽어보지?' 라든가 '이 부분은 이렇게 한 번 관점을 바꿔보면 어떨까?' 하면서 한두 마디를 해주시는데, 그 말씀이 마치 바둑판의 국면을 전환시키는 고수(高手)들의 훈수처럼 묘수와 같아서 "뻥" 뚫리는 것입니다.

인생살이에도 이런 고수들이나 어른들의 훈수가 필요하다는 생각입니다. 왜냐하면 우리가 인생을 살아가다 보면 크고 작은 문제들을 종종 만나게 되는데, 그동안 배웠던 교과서적인 지식을 총동원해 보아도, 또 나의 경험들을 다 되돌아보아도 막다른 벽에 부딪힌 것처럼 난감할 때가 있기 때문입니다.

우리는 이럴 때 '상담'을 하게 되며, '조언'을 구하게 됩니다. 좋은 상담과 조언은 마치 앞서 말씀드린 '인생의 묘수'처럼 마음을 시원케 하고, 문제를 슬기롭게 풀어나가는데 소중한 지혜가 되기도 합니다. 그러나 때로는 '혹 떼러 갔다가 혹 붙이고 온다'는 속담처럼 '안 하니만 못한' 상담이 있고, 문제를 해결해주기는커녕 일을 더 엉망으로 만들어버리는 '안 들으니만 못한' 조언들이 있기도 합니다.

■ 상담과 조언은 누구에게, 그리고 누구로부터가 중요해

상담이나 조언은 누구에게, 그리고 어떤 조언을 받는가 하는 것이 매우 중요합니다. 여기서 저는 바른 상담과 조언을 위한 조언을 좀 드려보고자 합니다.

1. 불신자에게 하나님의 뜻을 구하지 마십시오.

당연한 상식이지만 불신자들로부터는 하나님의 뜻을 얻을 수 없습니다. 하나님의 뜻은 평소 하나님의 말씀을 묵상하며 기도생활을 하는 경건한 하나님의 사람들을 통해 알려지기 때문입니다. 오히려 불신자들은 그 정도의 차이는 있습니다만, 세상적인 방법을 제시할 것입니다. 돈을 많이 버는 대박 나는 비결, 혹은 꿩 잡는 게 매라고 목적을 성취하기 위해서 방법은 좀 그렇더라도 이리 저리 해보라며 이 땅에서 잘 먹고 잘 살며 세상적인 행복을 추구하는 쪽으로 상담을 이끌어가고, 조언을 할 것입니다.

이것은 나이가 많은 사람이건, 많이 배운 사람이건, 심지어 전문적인 상담자격증을 가진 상담사라도 마찬가지입니다. 불신자인 그들의 가치관이 근본적으로 세상적이고 불신앙적이기에 윤리적이고 도덕적인 수준 이상을 넘어갈 수 없다는 점에서는 대동소이합니다. 즉, 소경이 소경을 인도하는 격이라 할 수 있습니다.

2. 믿는 사람이라고 하더라도 하나님의 인도를 받지 않고 사는 사람들에게는 하나님의 뜻을 구하지 마십시오

오늘날에는 믿는 사람이라고 하더라도 그저 종교인과 같이 교회는 다니지만 날마다의 삶속에서 말씀을 묵상(큐티)하며, 하나님의 임재를 경험하며, 하나님의 인도하심을 충만히 누리며 사는 사람들을 찾아보기가 흔치 않아졌습니다. 따라서 날마다 하나님의 인도하심을 받지 않고 사는 사람들은 상담이나 조언을 하더라도 예수님을 빙자한 '성공철학'이나 예수님을 빙자한 '축복지상주의' 등을 말하게 될 것입니다. 이것은 불신자의 그것에 살짝 예수님만 코팅해 놓은 것으로 이역시 소경이 소경을 인도하는 것과 같기는 마찬가지입니다.

3. 신비 체험을 했다는 영매(靈媒)와 같은 사람들을 찾아가서 하나님의 뜻을 구하지 마십시오

무슨 기도원이나 가정 제단 같은 것을 차려놓고 기도를 많이 하는 가운데 신비 체험, 성령 체험을 했다며 예언 기도를 해준다, 앞날에 대해 신령하게 잘 알려 준다 하는 사람들을 찾아가지 마십시오. 그리고 그들에게 머리를 함부로 맡겨 안수기도도 받지 마십시오. 이런 자들은 한 마디로 '예수 무당' 들입니다. 하나님의 뜻을 알 수도 없을 뿐더러 이런 자들은 마치 마약과 같아서 약발이 떨어지면, 다시 말해 살아가면서 이런저런 문제가 있으면 계속해서 이런 자들을 찾아다녀야 하는 등 건강한 신앙생활을 하는데 어려움을 줍니다.

하나님께서는 우리에게 계시의 말씀인 기록된 성경을 주셨고, '모든 성경은 하나님의 감동으로 된 것으로 교훈과 책망과 바르게 함과 의로 교육하기에 유익하니(딤후 3:16)' 말씀처럼 그 말씀을 통하여 우리를 인도하신다는 사실을 꼭 명심하시기 바랍니다.

4. 제일 좋은 방법은 본인 스스로 날마다 말씀 묵상을 하며 하나님의 인도하심을 받는 훈련을 하는 것입니다

하나님께서는 나를 사랑하시고, 나에게 놀라운 계획을 가지고 계신 분이십니다. 하나님께서는 지금도 나를 찾아오시고, 나에게 말씀하시기를 원하시며, 실제로 기록된 계시의 말씀인 성경을 통해 나에게 말씀을 하고 계시는 분이십니다. 하나님의 말씀을 날마다 읽고 묵상하며, 나의 문제를 말씀에 비추어 기도하며, 이 문제를 향하신 하나님의 뜻을 구하면 하나님께서는 내게 그 문제를 풀어갈 지혜도 생각나게 하시고, 내 마음 깊은 곳으로부터 말씀하여 주시는 것을 경험하게 될 것입니다.

물론, 이게 내 욕심으로 내가 그렇게 되기를 간절히 원하여 그런 생각이 올라온 것인지, 아니면 정말 하나님의 음성인지 어떻게 알 수 있을까 궁금하기도 할 것입니다. 이럴 때 길이 열리기도 하고 닫히기도 하는 환경적인 인도하심이 있고, 생각지 않게 들려주시는 말씀들도 있고, 믿음의 사람들의 상담이나 조언들이 있으므로 하나님의 뜻이 점점 더 선명해지는 것입니다.

5. 하나님의 인도하심을 받는 분들과 상담을 하십시오

하나님의 인도하심을 받는 경건한 분들이라 함은 날마다 하나님의 말씀을 묵상하며 인도를 받는 훈련이 된 분들을 의미합니다. 신뢰할 수 있는 분으로는 자신이 섬기는 교회의 담임목사님을 꼽을 수 있겠습니다. 이 분들은 내가 묵상한 말씀들을 함께 나누며(share), 과연 하나님의 뜻을 바르게 분별하였는지 살펴주면서 함께 기도하며, 신중하게 하나님의 입장에서 상담과 조언을 해주실 것입니다. 그렇다고 해서 이 분들은 앞서 말씀드린 '예수 무당들' 과 같은 사람들은 아닙니다. 평소 나의 삶을 잘 알고, 나를 사랑할 뿐 아니라 나를 위해 조언을 아끼지 않아 왔던 분들이기 때문입니다.

특별한 경우를 빼놓고 우리는 어떤 문제를 만날 때 (결혼문제나 직장 선택의 문제, 진로 문제 등) 정말 해결책을 몰라서 모르는 것은 아닙니다.

하나님께서는 믿는 자들에게 '신앙 양심' 이라는 것을 주셨기 때문에 말씀에 비추어 어긋나는 부분들은 내 육체적 욕심과 충돌하게 되어 있습니다. 그런데 내가 원하는 쪽으로 하고 싶은 마음에 고민과 마음의 평안치 못한 상태가 되는 경우를 가지고 '정말 어떻게 해야 할지 모르겠어' 하면서 모르는 상태로 돌입하는 것입니다. 즉, 의지적으로 모르기로 결심하는 것이지요.

갈릴리 가나 혼인잔치에서 예수님의 모친 마리아가 하인들에게 '너희에게 무슨 말씀을 하시든지 그대로 하라(요 2:5)' 라고 단단히 일러두었던 것처럼, 내 욕심을 내려놓고, 무슨 말씀을 하시든, 무슨 일을 하나님께서 내게 명하시든 듣고 순종하겠다는 마음을 가지면 하나님께서는 충분히 하나님의 뜻을 보여주실 것입니다.

그리고 그것은 결코 내가 생각하는 것처럼 불안하거나 나를 불행하고 힘들게 만드는 것이 아니라, 참으로 온전하시고 완벽한 하나님의 손길 아래 일들이 진행될 것이며, 하나님께 영광이 될 것입니다.

3. 그리스도인의 경쟁에 대하여

며칠 전, 부친상을 당한 고등학교 동창의 상가(喪家)를 조문하고 왔습니다. 친구의 아내가 보이지 않아 물었더니 아이들 교육을 위해 조기유학을 보냈고, 그 아이들을 보살피기 위해 벌써 2년째 캐나다에 가 있다고 했습니다.

아이들 학교 문제와 뒷바라지 때문에 시아버지가 돌아가셨어도 못 오고 있는 것입니다. 그러니까 제 친구는 '기러기 아빠'인 셈입니다. 말로만 듣던 '기러기 아빠'가 제 옆에 있었습니다. 그러면서 친구는 '앞으로 경쟁사회에서 남들과 똑같은 방식으로 교육하는 것은 별로 의미 없으며, 아이들이 경쟁을 이기고 살아남으려면' 어쩔 수 없었다며 말끝을 흐립니다.

글쎄요, 가치관의 차이이고, 자녀 교육 철학의 차이라고 단순하게 치부하기에는 너무나 다른 세상을 살아가고 있는 모습에, 그리고 어딘가 초췌하고 외로움에 절어 있는 그의 모습에서 어쩌면 그의 가정이 깨질지도 모르겠다는 위기의 적신호를 감지하며 마음이 답답하고 무거워졌습니다.

경쟁(競爭)! 사전에는 '경쟁' 의 뜻이 '같은 목적을 두고 서로 이기거나 앞서려고 다투는 것(그랜드 국어사전)' 으로 나와 있는데, 이것은 다툴 경(競), 다툴 쟁(爭)이라는 한자를 볼 때 쉽게 이해할 수 있는 정의입니다. 경쟁을 뜻하는 영어 단어 'competition' 도 옥스퍼드 사전에 의하면 '(우수성, 지위, 상 등을 얻고자) 다른 이와 다투거나 경합을 벌이는 일' 로 설명하고 있습니다. 그러니까 경쟁이라는 말 속의 공통점은 이기기 위해 다툰다는 의미가 들어 있다는 것입니다.

따라서 경쟁을 하기 전에는 아무 문제가 없던 사람들이 일단 경쟁을 하게 되면 이긴 사람이 나오게 되고, 또 한편에서는 패한 사람이 나오게 됩니다. 그런데 경쟁은 그 결과에서 보면 자연스럽고 건설적인 '분발심(emulation)' 으로 나타나기도 하고, 또 어떤 것은 강박적이고 파괴적인 형태로 나오는 '경쟁심(rivalry)' 으로 나타나기도 합니다.

그렇다면 어떤 경우가 '분발심' 에 해당이 되고, 또 어떤 것이 '경쟁심' 에 해당이 되는 것일까요? 일단 경쟁에 임하는 사람치고 상대방을 의식하지 않거나 승리를 목표로 하지 않는 사람은 아무도 없을 것입니다. 그리고 스스로 이겨야겠다는 결과에 대한 다짐을 하지 않는 사람도 없을 것입니다. 이것은 자연스럽고도 당연한 것으로 '분발심' 의 특성이라고 할 수 있을 것입니다. 그러나 경쟁자의 내면 가운데 죄된 심리 상태, 다시 말씀드려서 질투, 지나친 이기심, 탐심 등이 개입된다면 이런 경쟁의식은 죄된 경쟁심이라고 할 수 있을 것입니다.

1. 분발심

일단 분발심은 경쟁에 참여하는 사람이 경쟁 상대와 자신의 실력을 객관적으로 비교 평가를 해봅니다. 그리고 경쟁에 임했을 때 이기고 지는 승산을 염두에 두기는 하지만, 꼭 이겨야 한다는 그것만을 최고의 가치로 여기지는 않습니다. 오히려 이런 경쟁의 기회를 통해 자신의 실력을 키우며, 자신의 성장에 역점을 둡니다. 그리고 자신의 실력을 유감없이 발휘하기 위해 최선의 노력을 경주합니다. 그러기에 경쟁의 결과뿐 아니라 경쟁의 과정을 또한 중요하게 생각합니다.

24운동장에서 달음질하는 자들이 다 달아날지라도 오직 상 얻는 자는 하나인 줄을 너희가 알지 못하느냐 너희도 얻도록 이와 같이 달음질하라 25이기기를 다투는 자마다 모든 일에 절제하나니 저희는 썩을 면류관을 얻고자 하되 우리는 썩지 아니할 것을 얻고자 하노라 (고전 9:24-25)

이 본문은 그리스도인들의 신앙생활을 운동장에서 달리기 선수들의 경쟁으로 비유하고 있습니다. 고대 그리스에는 4대 육상경기가 있었는데, 그 가운데 하나가 2년마다 개최되는 이스무스 경기로 올림픽 경기 다음으로 유명했다고 합니다. 경기가 개최되던 이스무스(Isthmus)는 고린도에서 불과 12~13km 정도밖에 떨어지지 않은 곳이어서 사도 바울의 편지를 받은 고린도 교인들은 다른 어느 누구보다도 이 도보 경주를 잘 알고 있었습니다.

사도 바울은 그리스도인들이 이 경기에 참여하는 경기자의 태도로부터 무언가를 배울 수 있다고 말하고 있는 것입니다. 경기에서 이기면 소나무 화관을 상으로 받는데, 선수들은 이러한 명예를 얻기 위해 엄청난 노력을 들였습니다. 그러나 경주에 참여했다고 해서 누구에게나 이런 상이 주어지는 것은 아니었습니다. 경쟁을 통해서는 위 본문 24절에 말씀한 바와 같이 꼭 한 명만이 상을 얻습니다. 사도 바울은 이 예를 들어서 열심히 경쟁하는 사람들이 모든 일에 절제하며, 최선을 다하는 것을 교훈 받으라고 말씀하고 있습니다.

경기하는 자가 법대로 경기하지 아니하면 면류관을 얻지 못할 것이며 (딤후 2:5)

사도 바울은 사역자의 삶이 어떠해야 하는지를 경기자의 모습을 통해서 다시금 설명하고 있습니다. 이 구절에서 '경기하다' 는 말은 '시합하다, 경주하다' 라는 뜻을 가지고 있는 말입니다. 이 본문에서는 '법대로' 라는 말이 핵심입니다. 즉 경쟁의 핵심은 법대로 하는 것입니다. 고대 올림픽 경기자들은 운동 경기에 들어가기 전에 10개월간 훈련에 임했는데, 법대로 라는 말은 바로 이렇게 법으로 규정된 예비 훈련을 등한시하면 본 경기에 출전할 수 없기 때문에 아예 경쟁에서 탈락된다는 의미를 내포하고 있습니다.

초대 교회에서는 사람을 뽑는 일에 누구는 선택이 되고, 누구는 탈락이 되는 일이 있었습니다. (사도행전 1:21-26)에 보면 가룟 유다의 빈자리를 대신 채울 사람을 선택하는 장면이 나오는데 요셉과 맛디아 두 사람이 추천되었고, 그 중에서 최종적으로 기도와 제비뽑기를 통해 맛디아를 선택하였습니다. 요셉과 맛디아는 비록 타의에 의하긴 했지만 경쟁관계가 되었습니다.

(사도행전 6:3-6)에 보면 일곱 명의 집사들을 선택하는 장면이 나오는데, 당시 회개하고 돌아온 사람들이 수천 명에 이르는 교회 공동체였음을 생각해볼 때 일곱 명을 선발한다는 것은 나머지 사람들 가운데에서 보이지 않는 경쟁이 있었음을 알 수 있습니다.

교회 공동체가 성장해감에 따라 이런 유형의 보이지 않는 경쟁은 불가피합니다. 자칫하면 이런 일들 속에 상처를 받는 사람들이 생기기 쉽습니다. 그러기에 합당한 원칙과 기준이 있어야 할 것입니다. 그래도 이런 일들 속에 앞서 말씀드린 것처럼 다른 이들과 비교하면서 이기고 지는 것에 연연하지 않고, 하나님의 나라와 교회의 유익에 우선순위를 두며 자신의 부족함을 채워간다면, 그리고 최선을 다해 내면의 신앙인격을 다듬어간다면 이런 류의 경쟁은 분발심을 일으키는 긍정적인 것이 될 것입니다.

2. 경쟁심

경쟁심은 승부만을 유일한 목표로 생각하고 거기에 집착하는 마음입니다. 그러므로 경쟁심에 사로잡힌 사람은 혹시 승부에서 패하여 곤란한 처지에 처할까봐 미리부터 지나친 염려, 불안, 고뇌, 두려움에 사로잡힙니다. 경쟁 대상을 볼 때 인격적 존재로 여유롭게 바라보지 못하고, 비인격적으로 적대감정을 가지고 대합니다. 이기고 나면 상대방을 눌렀다는 쾌감, 자랑, 우월감 등으로 범벅이 됩니다. 그런가 하면 지고 나면 분노, 원망, 한탄, 수치심, 패배감, 열등의식, 복수심에 사로

잡힙니다.

인간은 죄성을 가진 존재이기 때문에 경쟁을 하면 아무리 선의의 경쟁이라는 미명을 붙였다고 해도 대부분 그 죄성과 결합하여 또 다른 상처나 죄가 되는 경우들이 많습니다.

1. 예수님의 제자들의 경우

또 저희 사이에 그 중 누가 크냐 하는 다툼이 난지라 (눅 22:24)

예수님의 제자들은 예수님이 십자가에 달리시는 시점에 근접해 있을 때에도 누가 더 큰 사람이냐를 놓고 다투고 있었습니다. 그들은 '크다'는 개념을 오해하는 동시에 경쟁심에 사로 잡혔던 것입니다.

2. 초대 교회의 경우

3너희가 아직도 육신에 속한 자로다 너희 가운데 시기와 분쟁이 있으니 어찌 육신에 속하여 사람을 따라 행함이 아니리요 4어떤 이는 말하되 나는 바울에게라 하고 다른 이는 나는 아볼로에게라 하니 너희가 사람이 아니리요 (고전 3:3-4)

사도 바울은 고린도 교인들이 성령의 은사를 풍성히 받았음에도 불구하고 결코 영적으로 성숙하지 못했다고 책망합니다. 왜냐하면 그들 가운데 경쟁심이 꽉 자리하고 있었기 때문입니다. 이 경쟁심의 핵심에는 바울파, 아볼로파라는 식, 더 나아가서는 게바파, 그리스도파에 이르기까지 당파의식이 자리 잡고 있었던 것입니다.

지금 우리가 살고 있는 세상은 경쟁사회입니다. 아이들을 학원에 보내고, 좋은 대학을 보내려고 그렇게 닦달하는 이유도 경쟁사회에서 똑똑하게 살아남게 하려는 부모의 종족보존의 본능 때문입니다. 이런 세상에서 살다보니 교회 안에서도 경쟁을 조장하는 문화가 자연스럽게 들어와 있습니다.

3. 요즘 교회의 경우

이것은 과거 우리가 경험했던 교회들을 생각하면서 요즘의 교회와 비교해보면 금방 확인할 수 있습니다.

① 우선 헌금 경쟁이 있습니다. 주보 뒷면에 헌금자들의 이름을 남기고, 강단에서 헌금자의 봉투를 호명합니다. 왜 그렇게 하는 것일까요? 물론 그렇게 함으로써 영수기 노릇을 한다는 말도 있습니다만, 그 정도도 신뢰하지 못하면 헌금을 드리지 말아야 할 것입니다. 이런 것은 이름을 내는 것과 아울러 헌금을 하지 못한 사람들로 하여금 헌금을 하도록 부추기는 일종의 보이지 않는 경쟁 조장이기도 합니다.

② 구역모임 현황표입니다. 모인 곳, 모인 수, 성경 읽은 장수, 헌금 액수 등이 표시되어 있습니다. 교회 규모가 큰 교회는 현황표만 보아도 한눈에 비교가 됩니다. 뭐가요? 구역 중에 잘 모이는 구역과 그렇지 못한 구역 말입니다. 누구도 그렇게 말한 적 없지만 구역장들은 이 표에 따라 마치 실력과 영력이라도 차이가 있는 것처럼 느껴지기도 합니다. 성적이 좋은 구역의 구역장들은 매우 기쁘고 자랑스러운 반면에 부진한 구역의 구역장들은 주눅이 듭니다.

③ 각 구역별로 전도대회, 성경읽기대회 등이 있고, 예배당이라도

건축하는 경우에는 부흥회를 열어 헌금 경쟁을 조장하기도 합니다. 그런가 하면 그런 큰 일이 아니더라도 외부에서 온 강사들은 담임목사에게 양복이나 이런저런 선물들을 독려하며 충성경쟁을 부추기기도 합니다.

④ 어린이 찬양대회, 성경퀴즈대회 등 무슨 대회를 하는 것도 각 반별, 각 선생님별로 경쟁심을 부추기게 만들곤 합니다.

일단 이렇게 경쟁으로 돌입하게 되면 상대방은 우리 편이냐 적군이냐, 좋은 나라냐 나쁜 나라냐로 이분법적인 사고방식에 빠지게 됩니다. 인접 교회끼리 인사도 하지 않는 경우가 많습니다.

제 친구 목사의 경우, 개척 교회의 형편상 건물 한 쪽의 작은 평수를 임대하여 사용하고 있는데, 근처 아파트의 입주와 함께 인근 지역의 또 다른 큰 교회가 같은 건물로 분양을 받아 들어왔더랍니다. 졸지에 한 건물에 두 교회가 들어서게 된 것입니다.

문제는 이 두 교회가 서로 어색하여 외면을 할 뿐 아니라 오는 교인들을 서로 붙잡기 위해 보이지 않는 경쟁심과 알력으로 불편한 관계가 연출되고 있다는 것입니다. 뒤늦게 분양받아 다른 곳에서 이사 온 나중의 교회는 교인이 좀 있었던지 주일이면 어깨띠를 두른 안내위원을 10명씩이나 배치하여 입구를 차지하는 바람에 작은 교회인 제 친구 목사의 교회 여 집사님은 울고 올라왔고, 친구 목사는 안내하기를 포기했다는 말을 들었습니다.

4. 그리스도인들의 바른 기도

① "하나님! 저는 이번 시험에 반드시 합격해야 합니다. 어떻게든 제가 목표한 바를 얻을 수 있게 해주시옵소서."

② "하나님! 이번 경쟁에서 꼭 이기기를 원합니다. 그러나 저의 뜻보다 하나님 아버지의 뜻대로 하옵소서."

③ "하나님! 이번 입사 시험에서 제가 최선을 다하게 도와주시옵소서! 결과는 주님의 손에 의탁하나이다."

①번 기도는 자기가 꼭 이겨야 한다는 생각에 집착한 나머지 하나님을 자기 욕망 실현의 수단으로 여길 뿐, 하나님의 뜻에는 아랑곳하지 않는 과도한 승부욕을 보여줍니다. 가장 바람직한 기도는 ③번 기도라 할 수 있으며, ②번 기도도 겟세마네 동산에서 하신 예수님의 기도와 같은 패턴으로 얼마든지 용납될 수 있습니다.

그리스도인들은 경쟁의 패배도 하나님을 믿고 신뢰하는 가운데 하나님의 은혜로 받아들일 수 있습니다. 물론 현재 시점에서 보면 괴롭고 힘들지만, 그래도 하나님께서는 나를 향한 가장 좋으신 길로 인도하실 것을 믿기 때문입니다. 그런가 하면 개인의 발전이라는 측면에서 보면 경쟁에서 이겼을 때보다는 대부분 경쟁에서 졌을 경우에 배울 수 있는 교훈들이 더 많기 때문에 현재의 패배는 굉장한 배움의 기회가 될 수 있습니다. 자신의 교만과 자기 의에 대한 재평가도 할 수 있고, 또 다른 이들에 대한 이해와 하나님의 뜻이나 하나님의 계획들에 대해서도 깊은 성찰의 기회가 되기도 합니다.

그는 흥하여야 하겠고 나는 쇠하여야 하리라 하니라 (요 3:30)

우리에게는 세례 요한의 이런 태도가 필요합니다.

4. 그리스도인의 오해에 대하여

목회를 하면서, 그리고 지금까지 살아오면서 보니 여러 가지 오해들이 일상다반사로 일어나는 것을 경험합니다. 오해는 때때로 마음에 깊은 상처를 남길 뿐만 아니라 좋은 관계들을 깨어지게 만들기도 합니다. 도대체 오해는 왜 하게 되는 것일까요? 죄악되고 연약한 우리 인생의 특성상 오해를 아주 안 할 수 없는 것이라면 줄일 수는 없을까요? 잠시 같이 생각하며 의견을 나누어 보고 싶은 마음으로 몇 자 적어봅니다.

'오해(誤解)'는 국어사전을 찾아보니 '그릇되게 해석하거나 뜻을 잘못 앎. 또는 그런 해석이나 이해'를 말합니다. 영어로는 'misunderstanding' 즉 mis +understanding이니 이해를 정확하게 하지 못하고 본뜻을 놓친 것이라고나 할까요.

■ 오해의 원인들

1. 정확한 의사소통(communication)이 잘 안 되어서

스위스인 부부가 애완견 푸들을 데리고 홍콩의 한 식당에 들어갔다. 그들은 개를 가리키며 개에게도 먹을 것을 주라는 뜻으로 먹는 시늉을 해보였다. 요리사가 곧 푸들을 데리고 밖으로 나갔다. 한참 뒤에 요리사는 뚜껑 덮은 은쟁반에 마늘 소스로 양념하고 죽순으로 장식한 구운 개고기를 담아왔다. 〈The Times〉 (1971. 8. 1)

이 일을 겪은 후 부부는 정신적인 충격을 받아 심한 외상장애(traumatism)로 고통을 받았다고 합니다. 오해의 가장 큰 원인은 정확한 의사소통이 잘 안 되었기 때문입니다. 그저 상대방도 내 맘 같겠거니 하고 생각하고 지내다가 나중에 전혀 생각지 않은 방향으로 진행이 될 때, 서운하고 섭섭해 하는 것 말입니다.

특히 우리나라 사람들에게서 이런 경우를 많이 찾아볼 수 있겠는데 "니, 내 맘 알제?" 하는 것 말입니다. 그런데 말하지 않으면 모릅니다. 그러므로 자기 의사를 정확하게 말하도록 해야 합니다.

며칠 전, 교회의 연로하신 권사님 한 분이 제게 무척 서운해 하신다는 말씀을 누구를 통해서 들었습니다. 알고 보니 연세가 있으신지라 주중에 편찮으셨는데, 교회 식구들 중에 누구 하나 전화 한 통 하는 사람이 없어 교인들에게 서운하고, 목사인 제게도 서운하시다는 것이었습니다. 그러나 사실, 저는 권사님이 그렇게 아프신 줄 몰랐습니다. 어쨌든 그 이야기를 듣고 음료수를 사들고 아내와 함께 심방을 갔습니다. 손을 잡아드리며 기도해 드리자 팔순의 권사님의 서운함은 풀어지셨습니다.

오해의 원인은 나의 생각을 말하지 않고, 너의 생각을 듣지 못해 서로의 의사소통에 문제가 있기 때문입니다. 말하십시오. 그래서 오해의 싹을 제거하시기 바랍니다.

2. 낮은 자존감 때문에

좀 오래된 이야기입니다만, 어느 수요일 밤 예배 때의 일입니다. 성경을 읽을 때 한 분씩 돌아가면서 읽자고 제안을 했습니다. 평소 수요일 밤 예배 때는 교회를 잘 안 나오시던 50대 중반의 K집사님이 그날따라 참석을 했는데, 성경을 읽는 시간에 그렇게 우시는 것이었습니다. 갓 부임한 젊은 목사였던 저는 당연히 '아, 이 분이 지금 은혜를 받으시는가보다' 하고 생각을 했습니다.

그런데 그녀는 그 이후로 교회의 공예배를 참석하지 않았습니다. 나중에 심방을 가보니 '갓 부임하신 젊은 목사님이 많은 사람들 앞에서 초등학교도 나오지 못해 글씨를 못 읽는 나를 망신줬다' 고 오해를 한 것이었습니다. 그 분 말대로 젊은 목사는 갓 부임하여 교인들의 처지와 형편이 어떠한지 알 리가 없었는데, 결국 자신의 낮은 자존감이 잠재되어 있다가 어떤 부분에서 자극이 되자 '오해' 라는 것으로 표출이 되었던 것입니다.

좀 부끄럽고 유치한 이야기이지만, 얼마 전에 제가 경험했던 것을 말씀드리고자 합니다. 이제 40대 중반에 접어든 제 아내는 어느 대형교회에서 하는 상담과정에 등록하여 공부를 하고 있었습니다. 모임은 유명 강사의 강의와 소그룹으로 워크숍을 하는 형태로 진행이 되었는데, 꽤 유익했던지 아내는 가끔씩 그 모임에 대해서 말하곤 했습니다.

그런데 어느 날 밤이었습니다. 잠자리에서 아내의 휴대폰으로 문자가 하나 날아왔습니다. 시간을 보니 이른 새벽이었는데, 문자의 내용인 즉 '아내와 방금 전 다퉜고, 지금 너무 힘드니 어쩌면 좋으냐? 도움을 바란다'는 남자의 문자였습니다. 아내는 그 남자가 상담 소그룹에 있는 사람이라고 했습니다. 저는 그때부터 감정이 꼬이기 시작했습니다.

"그 놈, 미친 놈 아냐? 지금 이 시간에 왜 남의 유부녀에게 문자질이야, 문자질! 그리고 당신, 당신이 어떻게 보였길래 이런 문자가 오는 거야?"

제가 생각해도 지나치달 정도로 무척 거친 말로, 필요 이상으로 화를 내며 투덜대었습니다. 아닌 밤중에 홍두깨라더니 아내는 어안이 벙벙해 하다가 "아, 그 사람, 모임에서도 좀 문제가 있는 사람인데, 모든 사람에게 같은 문자를 보냈을 거예요" 하는 것이었습니다. 그러자 저는 또 "당신, 그 사람 두둔하는 거야, 뭐야?" 라고 얘기를 진행시켰습니다. 아내는 기가 막힌 지 "그만합시다" 하면서 돌아누웠습니다.

저는 새벽기도 시간에 가만히 생각해 보았습니다. 아내가 그동안 아는 사람, 낯선 사람을 막론하고 이런저런 문자들을 한두 번 받아온 것은 아닌 터였습니다. 그런데 나는 왜 그렇게 좀 오버다 싶을 정도로 반응을 한 것일까. 그저 "이 시간까지 부부 싸움을 했다니 무척 힘든 사람인가보군! 여보, 밝은 시간에 답장 문자를 보내든지, 아니면 수업 시간에 교수님하고 연결을 하도록 하지" 하고 그저 잠을 청했으면 될 일이었습니다.

그 원인은, 제가 생각할 때 낮은 자존감 때문이었습니다. 어린 시절, 부모님의 가정불화가 이혼으로 이어지고, 그것은 '버림 받은 것'이라고 스스로 생각했던 기억이 일종의 잠재된 피해의식과 낮은 자존감으로 형성되어 있다가 나온 것이었습니다.

나중에 알고 보니 그 문제의 사람은 아내의 말대로 아내뿐 아니라 함께 수업을 듣던 모든 사람들에게 그 시간에 문자를 보냈던 것이고, 어떤 사람들은 그 밤에 문자 답장도 해주었다는데, 아내는 제게 불쾌한 오해만 받았던 것입니다.

오해는 상대의 문제라기보다는 내 쪽에서 주로 하는 것인 만큼 나의 낮은 자존감에서 출발하는 경우가 많다는 것입니다.

■ 오해(誤解)를 넘어 이해(理解)로

오해를 안 하거나, 가능하면 좀 덜 할 수 있는 대안은 없는 것일까요? 그것은 '나 자신을 사랑하는 것'입니다. 즉, 건강한 자아관을 가질 때 오해를 하지 않을 힘이 생기게 되는 것입니다.

상대방이 눈살을 찌푸리고 마주올 때 건강한 자아관을 가진 사람은 "저 분이 무슨 문제가 있나? 집사님, 왜 그러세요? 어디 아프세요?" 하고 물어볼 수가 있습니다. 건강한 커뮤니케이션이 시도가 되는 것입니다. 그러면 상대방은 눈에 뭐가 들어가서 그렇다든지, 아니면 몸이 아파서 병원 가는 길이랄지 뭔가 설명이 시작됩니다. 그러면 오해될 일이 없습니다.

그러나 그렇지 못한 사람은 자기 자존감이 낮아 상황을 건강하게 해석하고 받아들일 힘이 없는 것입니다. 그저 제풀에 '저 사람, 또 내게 뭔가 기분이 나쁜가보구나. 에이, 피하자. 똥이 무서워서 피하나, 더러워서 피하지' 하는 것입니다. 결국 관계는 소리 없이 자연스럽지 않게 되고, 무거워져 버립니다.

이렇게 쓰다 보니 혹시 어떤 부분은 그저 제 주관적인 생각일 수 있겠다는 생각도 해봅니다. 그저 목회를 하면서, 그리고 나이 마흔 중반을 넘겨오면서 드는 생각 중 하나를 표현한 것입니다. 또 다른 의견들과 생각들을 덧붙여 주신다면 좀 더 오해 없이 생각들을 더 풍성하게 나눌 수 있으리라 여겨집니다. 모든 관계들 속에 오해가 아닌 이해의 따뜻함들이 가득했으면 좋겠습니다.

5. 그리스도인의 열등감에 대하여

25사십 일 동안에 땅을 탐지하기를 마치고 돌아와 26바란 광야 가데스에 이르러 모세와 아론과 이스라엘 자손의 온 회중에게 나아와 그들에게 회보하고 그 땅 실과를 보이고 27모세에게 보고하여 가로되 당신이 우리를 보낸 땅에 간즉 과연 젖과 꿀이 그 땅에 흐르고 이것은 그 땅의 실과니이다 28그러나 그 땅 거민은 강하고 성읍은 견고하고 심히 클뿐 아니라 거기서 아낙 자손을 보았으며 29아말렉인은 남방 땅에 거하고 헷인과 여부스인과 아모리인은 산지에 거하고 가나안인은 해변과 요단 가에 거하더이다 30갈렙이 모세 앞에서 백성을 안돈시켜 가로되 우리가 곧 올라가서 그 땅을 취하자 능히 이기리라 하나 31그와 함께 올라갔던 사람들은 가로되 우리는 능히 올라가서 그 백성을 치지 못하리라 그들은 우리보다 강하니라 하고 32이스라엘 자손 앞에서 그 탐지한 땅을 악평하여 가로되 우리가 두루 다니며 탐지한 땅은 그 거민을 삼키는 땅이요 거기서 본 모든 백성은 신장이 장대한 자들이며 33거기서 또 네피림 후손 아낙 자손 대장부들을 보았나니 우리는 스스로 보기에도 메뚜기 같으니 그들의 보기에도 그와 같았을 것이니라 (민 13:25-33)

현대인은 누구나 할 것 없이 자신감(self-confidence)을 갖기 원합니다. 그러나 여러 가지 이유들로 인해 자신감을 잃어버리고, 열등감에 빠져 불행하게 살아갑니다. 열등감(inferiority complex)은 자신감의 반대적인 감정입니다. 열등감을 가진 사람들은 자신의 존재 가치에 대한 과잉적인 과소평가 또는 평가 절하를 하는 열등감으로 나타나든지, 반대로 과잉적 과대평가 또는 평가 절상으로 표출하는 우월감으로 나타나는데, 열등감이나 우월감 모두 한 뿌리에서 나온 것으로 낮은 자긍심, 즉 자신감을 잃어버리는 데서 나오는 것입니다.

저는 이제 몇 가지 열등감의 원인과 그 대안을 정리해보고자 합니다.

1. 열등감의 원인은 '다른 사람과의 비교' 입니다

위의 성경 본문은 열등감이 어떻게 나타나는지를 보여 주고 있습니다. 가나안 땅을 정탐하고 돌아와 보고를 하는 내용을 보면 가나안 백성들은 강하고, 키도 크고, 성읍도 크고, 자신들의 모습과 비교해 볼 때 그들이 월등하다는 것을 발견합니다. 그리고 스스로 열등감에 사로잡히게 되었으며, 스스로 '메뚜기' 와 같다고 말합니다.

다른 사람과 비교, 이것은 사람을 열등감에 빠뜨리는 치명적인 원인이 되는 것입니다. 하나님은 우리 각 사람을 각각 특별하게 지으셨습니다. 그러므로 남과 다른 것은 당연한 것입니다. 다른 것은 틀린 것이 아닙니다(different is not wrong!).

하나님께서는 이렇게 부정적인 모습을 보이는 백성들에게 나타나셔서 책망하시며, 그 열등감의 원인을 지적하십니다.

여호와께서 모세에게 이르시되 이 백성이 어느 때까지 나를 멸시하겠느냐 내가 그들 중에 모든 이적을 행한 것도 생각하지 아니하고 어느 때까지 나를 믿지 않겠느냐 (민 14:11)

열등감의 원인은 지금까지 인도해오신 하나님의 임재를 잊은 것입니다. 하나님의 임재를 잊자 곧바로 이들의 눈에는 사람들이 들어오기 시작했고, 끊임없이 비교하며 위축되고 열등감에 사로잡히게 된 것입니다.

열등감에서 벗어나고자 한다면 우리의 시선을 하나님께 두는 삶을 훈련해야 합니다. 대개 허위의식에 가득 찬 사람들이 명품을 비롯해서 겉치레에 급급합니다. 내면에 하나님으로 채워진 사람들은 다른 사람이 나를 어떻게 말하며, 어떻게 보든지 그렇게 연연하지 않습니다. 하나님으로 인해 자존감이 이미 채워졌기 때문입니다.

2. 열등감의 원인은 '핸디캡' 때문입니다.

핸디캡(handicap)이란 불이익, 불리한 조건, 신체장애, 어려움 등을 의미합니다. 이것은 사람들에게 너무나 자주 열등감에 빠지게 만듭니다. 예를 들어, 모세의 경우 하나님이 부르실 때 이렇게 말합니다.

모세가 하나님께 고하되 내가 누구관대 바로에게 가며 이스라엘 자손을 애굽에서 인도하여 내리이까 (출 3:11)

모세의 이 말은 한편으로는 겸손한 것 같지만 사실은 모세의 열등 감을 나타내는 말입니다. 모세는 애굽 왕궁에서의 삶으로부터 도망하여 미디안의 제사장 이드로의 집까지 이르러 40년이 넘는 오랜 세월 동안 양치기로 살면서 늙어버려 이제는 별 볼일 없다고 하는 삶의 핸디캡을 가지고 있습니다. 이것은 모세의 열등감의 원인이 되어 하나님의 임재를 경험하는 자리에서조차 이렇게 나타납니다.

모세가 여호와께 고하되 주여 나는 본래 말에 능치 못한 자라 주께서 주의 종에게 명하신 후에도 그러하니 나는 입이 뻣뻣하고 혀가 둔한 자니이다 (출 4:10)
모세가 가로되 주여 보낼 만한 자를 보내소서 (출 4:13)

모세는 입이 뻣뻣하고 혀가 둔하여 말을 잘 못한다고 합니다. 말을 잘 하지 못하는 어눌함이 그의 핸디캡이었습니다. 특정한 핸디캡은 사람들로 하여금 자신감을 잃게 만들고, 열등감에 빠지도록 합니다.
어떤 사람은 그것이 외모에 대한 핸디캡일 수 있습니다. 낮은 학력일 수 있고, 가진 것이 적은 가난함일 수 있습니다. 하고 있는 직업이 천하다는 생각일 수 있고, 출신 지역이 농어촌, 산골, 섬 등 도시에 비해서 좀 자신감을 잃게 만들 수도 있습니다. 또는 자녀가 없다거나 딸만 낳았다거나 하는 것도 핸디캡이 되었던 시절이 있었습니다.

하나님은 이런 핸디캡의 범주에서 헤어 나오지 못하고 열등감에 빠져 있는 모세에게 이렇게 책망하십니다.

11여호와께서 그에게 이르시되 누가 사람의 입을 지었느뇨 누가 벙어리나 귀머거리나 눈 밝은 자나 소경이 되게 하였느뇨 나 여호와가 아니뇨 12이제 가라 내가 네 입과 함께 있어서 할 말을 가르치리라 (출 4:11-12)

하나님의 부르심 앞에 자신의 부족함을 깨닫는 것은 당연합니다. 그러나 이에 지나쳐서 자신이 모든 조건이 충족되어 뭔가 쓸모 있는 사람이 되었을 때 하나님이 쓰신다는 것은 착각이며 불신앙입니다. 이것을 잘 간파한 사도 바울은 이렇게 선언합니다.

26형제들아 너희를 부르심을 보라 육체를 따라 지혜 있는 자가 많지 아니하며 능한 자가 많지 아니하며 문벌 좋은 자가 많지 아니하도다 27그러나 하나님께서 세상의 미련한 것들을 택하사 지혜 있는 자들을 부끄럽게 하려 하시고 세상의 약한 것들을 택하사 강한 것들을 부끄럽게 하려 하시며 28하나님께서 세상의 천한 것들과 멸시 받는 것들과 없는 것들을 택하사 있는 것들을 폐하려 하시나니 29이는 아무 육체라도 하나님 앞에서 자랑하지 못하게 하려 하심이라 (고전 1:26-29)

3. 열등감의 원인은 '실패의식' 입니다.

1아합이 엘리야의 무릇 행한 일과 그가 어떻게 모든 선지자를 칼로 죽인 것을 이세벨에게 고하니 2이세벨이 사자를 엘리야에게 보내어 이르되 내가 내일 이맘때에는 정녕 네 생명으로 저 사람들 중 한 사람의 생명 같게 하리라 아니하면 신들이 내게 벌 위에 벌을 내림이 마땅하니라 한지라 3저가 이 형편을 보고 일어나 그 생명을 위하여 도망하여 유다에 속한 브엘세바에 이르러 자기의 사환을 그곳에 머물게 하고 4스스로 광야로 들어가 하룻길쯤 행하고 한 로템나무 아래 앉아서 죽기를 구하여 가로되 여호와여 넉넉하오니 지금 내 생명을 취하옵소서 나는 내 열조보다 낫지 못하니이다 하고 5로템나무 아래 누워 자더니 천사가 어루만지며 이르되 일어나서 먹으라 하는지라 6본즉 머리맡에 숯불에 구운 떡과 한 병 물이 있더라 이에 먹고 마시고 다시 누웠더니 7여호와의 사자가 또 다시 와서 어루만지며 이르되 일어나서 먹으라 네가 길을 이기지 못할까 하노라 하는지라 8이에 일어나 먹고 마시고 그 식물의 힘을 의지하여 사십주 사십야를 행하여 하나님의 산 호렙에 이르니라 9엘리야가 그곳 굴에 들어가 거기서 유하더니 여호와의 말씀이 저에게 임하여 이르시되 엘리야야 네가 어찌하여 여기 있느냐 10저가 대답하되 내가 만군의 하나님 여호와를 위하여 열심이 특심하오니 이는 이스라엘 자손이 주의 언약을 버리고 주의 단을 헐며 칼로 주의 선지자들을 죽였음이오며 오직 나만 남았거늘 저희가 내 생명을 찾아 취하려 하나이다 (왕상 19:1~10)

엘리야는 지금 절망감에 빠져 있고, 무력감에 빠져 있으며, 광야로 도망하여 사람을 만나는 것을 회피하고 있습니다. 그리고 죽음을 동경하고 있고, 죽기를 구하는 염세적인 성향을 보이고 있으며, 오직 나만 남았다는 고독감과 내 생명마저 취하려 한다는 자기 연민에 빠져 있습니다. 전형적인 열등감에 빠진 사람의 모습입니다.

엘리야의 이런 열등감의 이면에는 깊은 '실패감(失敗感)'이 자리하고 있습니다. 하늘에서 불이 떨어지고, 하나님의 임재가 증명이 되고, 우상 숭배자들의 목을 쳤음에도 조금도 변함없이, 아니 더욱 표독스럽게 저주하며 달려드는 이세벨을 대하는 순간 엘리야는 놀랐고, 실패감에 빠졌으며, 낙담하였습니다. 이것은 곧 나라는 존재가 고작 이것밖에 안 된단 말인가 하는 열등감으로 이어져 버리게 만든 것입니다.

하나님은 이런 엘리야를 잠들게 하시고, 떡과 물을 먹여 주시며 새로운 충전을 주셨습니다. 열등감은 이때 극복이 되는 것이었습니다.

■ 하나님께서는 우리를 매우 소중한 존재로 지으셨습니다!

오직 너희는 택하신 족속이요 왕 같은 제사장들이요 거룩한 나라요 그의 소유된 백성이니 이는 너희를 어두운데서 불러 내어 그의 기이한 빛에 들어가게 하신 자의 아름다운 덕을 선전하게 하려 하심이라 (벧전 2:9)

그러므로 우리가 열등감에 빠져 무기력하고, 아무 것도 못한다고 주저앉아 있는 것은 하나님의 뜻이 아닙니다. 주님께서는 이렇게 말씀하십니다.

예수께서 이르시되 할 수 있거든이 무슨 말이냐 믿는 자에게는 능치 못할 일이 없느니라 (막 9:23)

이 말씀은 지금도 동일한 톤(tone)으로 우리에게 들려주시는 하나님의 말씀입니다. 이 말씀을 마음 깊은 중심으로 신뢰한다면 우리에게 능력주시는 주님을 의지하는 가운데 모든 열등감의 그늘을 벗어나서 주님과 함께 동행하는 삶의 자리로 나아갈 수 있습니다. 열등감은 치료되고, 벗어날 수 있는 질병 중 하나입니다.

6. 그리스도인의 분노에 대하여

26분을 내어도 죄를 짓지 말며 해가 지도록 분을 품지 말고 27마귀
로 틈을 타지 못하게 하라 (엡 4:26-27)

그리스도인들이 직면하는 가장 끈질기고도 곤란한 문제들 중 하나
는 '분노'의 문제입니다. 분노는 한 마디로 화를 내는 것입니다. 화를
내는 것이 왜 그리스도인에게 어려운 문제인가 하면 예를 들어, 기도
원에 다녀와서 은혜 충만하게 받고 이제 내려가면 남편에게도, 자녀에
게도, 그리고 다른 가족들에게도 잘해 주리라 하면서 나름대로 결심
하고 왔습니다. 그런데 집에 와보니 온통 난장판입니다. 게다가 남편은
"당신, 어딜 그렇게 싸돌아다녀? 아예 예배당에 가서 살아라, 살아!" 하
면서 속을 뒤집는 말을 합니다. 화가 나겠습니까, 안 나겠습니까?

당장 기도원에서 내려온 순간부터 은혜를 쏟는 결과가 되어 버립니

다. 그리고는 "그럼, 그렇지. 나 같은 것이 무슨 …" 하면서 자조하게 되고, 결심했던 것들도 모두 좌절되고 맙니다. 그리고 될 대로 되라지 하고 체념하게 되고, 상태는 이전으로 도로 돌아가거나 이전보다 더 악화되기도 합니다. 그 뿌리에는 잘못 처리된 분노의 문제가 있습니다.

이제 저는 분노에 대한 문제를 바로 이해하고, 바르게 대처할 수 있도록 작은 도움이라도 될까 하여 생각을 정리해보고자 합니다.

■ 분노란 무엇인가?

분노란 '화를 내는 것' 이라고 했는데, 조금 더 깊이 정의를 내려 보면 '분노는 우리 자신에게나 타인에게나 개인적인 불쾌감을 유발시키는 감정적인 적대적 반응' 입니다.

1. 화는 하나님께서 주신 감정입니다.

기쁨, 슬픔, 고통 등 인간의 감정에서 나오는 본능과도 같은 것이기에 그 자체로는 죄가 아닙니다. 그러나 이것은 잘 관리되어야 하는 것입니다. 그러기에 (엡 4:26-27)에서는 분을 내어도 죄를 짓지 말며 해가 지도록 분을 품지 말고 마귀로 틈을 타지 못하게 하라고 말씀하시는 것입니다. 분을 아예 내지 말라는 말씀은 아닙니다. '분을 내어도' 라는 말씀은 뭡니까? 분노는 관리가 필요하다는 말씀입니다.

2. 화를 내는 것이 반드시 죄는 아닙니다

하지만 아무 때나, 아무에게나 화를 내어서는 남들에게 상처를 주고 죄로 갈 가능성이 많습니다. 그러기에 역시 화를 내는 것도 지혜롭게 잘 관리하여야 하는 것입니다.

3. 화를 내는 것은 한계가 있어야 합니다.

① 위의 본문에 보면 화를 내되 언제까지라고 했습니까? '해가 지도록!'

26분을 내어도 죄를 짓지 말며 해가 지도록 분을 품지 말고

분노는 시간에 한계가 있습니다. 그러므로 우리는 분노의 감정을 지속적으로 품지 말고, 날이 저물기 전에는 우리 마음속에 용서가 자리해야 하는 것입니다.

② 또한 화를 내는 것은 어떻게 관리하라고 했습니까? '마귀가 틈을 타지 않도록!'

26분을 내어도 죄를 짓지 말며 해가 지도록 분을 품지 말고 27마귀로 틈을 타지 못하게 하라

마귀는 분열의 영입니다. 사람 사는 일에 화를 내지 않을 수는 없지만, 그래도 우리는 우리를 분열시키고 넘어뜨리려고, 우는 사자가 삼킬 자를 찾듯이 호시탐탐 기회를 노리는 것을 명심하고 잘 경계해야 하는 것입니다. 분노는 잘 절제해야 합니다.

■ 잘못 사용된 분노

잘 다스려지지 않은 분노들로 인해 하나님 앞에서 죄를 짓게 되는 경우가 다음의 몇 가지 성경 속의 사례들이 있습니다. 함께 읽으며 우리 자신을 점검해볼 수 있기를 바랍니다.

1. 탕자의 형, 맏아들의 분노

25맏아들은 밭에 있다가 돌아와 집에 가까왔을 때에 풍류와 춤추는 소리를 듣고 26한 종을 불러 이 무슨 일인가 물은대 27대답하되 당신의 동생이 돌아왔으매 당신의 아버지가 그의 건강한 몸을 다시 맞아 들이게 됨을 인하여 살진 송아지를 잡았나이다 하니 28저가 노하여 들어가기를 즐겨 아니하거늘 아버지가 나와서 권한대 29아버지께 대답하여 가로되 내가 여러 해 아버지를 섬겨 명을 어김이 없거늘 내게는 염소 새끼라도 주어 나와 내 벗으로 즐기게 하신 일이 없더니 30아버지의 살림을 창기와 함께 먹어버린 이 아들이 돌아오매 이를 위하여 살진 송아지를 잡으셨나이다 31아버지가 이르되 얘 너는 항상 나와 함께 있으니 내 것이 다 네 것이로되 32이 네 동생은 죽었다가 살았으며 내가 잃었다가 얻었기로 우리가 즐거워하고 기뻐하는 것이 마땅하다 하니라 (눅 15:25-32)

탕자의 형은 탕자의 돌아옴을 계기로 분노가 폭발합니다. 탕자가 자기 재산을 다 가져간 후, 형은 명실공이 아버지의 나머지 모든 재산을 물려받을 기득권자로 지내오고 있었습니다. 그의 말대로 여러 해 동안 여러 가지 힘든 수고들을 잘 감당해왔고, 재산이 늘어가는 가운데 그 흔한 염소새끼 한 마리도 허투루 잡아먹질 않았습니다. 그런데 이 평화가 하루 아침에 깨진 것입니다. 그는 아버지에게 화를 내고 있습니다. 그리고 함께 하길 싫어하며 아버지께 따져 묻고 있습니다.

마치 라디오 배터리가 라디오를 작동시키다가 외부 주파수를 만나면 소리가 나오듯이 내 안에 내려놓지 못한 질투와 시기심, 자기 욕심들이 잠재적으로 나를 작동시키고 있다가 외부의 어떤 자극을 만나게 되면, 그것이 악한 분노의 근원이 되는 것과 마찬가지입니다. 표면적으로는 최선을 다하는 것 같고, 사람이 착실한 것 같아도 그것은 결국 자기 유익을 위하여 감수한 것이지, 진정 아버지를 위한 사랑이 아니었던 것입니다.

교회 공동체에서도 마찬가지입니다. 평소에 열심이 있고, 충성되어 보이는 사람들이 어느 날 갑자기 교회의 큰 문제를 만드는 선봉이 되는 경우들은 갑자기 그런 것이 아니고, 그 속에 크고 작은 분노들이 내면화되어 있다가 이제는 나 자신의 보호를 위해서 어쩔 수 없다고 판단되었을 때 나오는 것입니다. 과연 주님을 위한 사람이라면 그럴 수가 없기 때문입니다.

2. 요나의 분노

10하나님이 그들의 행한 것 곧 그 악한 길에서 돌이켜 떠난 것을 감찰하시고 뜻을 돌이키사 그들에게 내리리라 말씀하신 재앙을 내리지 아니하시니라 1요나가 심히 싫어하고 노하여 2여호와께 기도하여 가로되 여호와여 내가 고국에 있을 때에 이러하겠다고 말씀하지 아니하였나이까 그러므로 내가 빨리 다시스로 도망하였사오니 주께서는 은혜로우시며 자비로우시며 노하기를 더디하시며 인애가 크시사 뜻을 돌이켜 재앙을 내리지 아니하시는 하나님이신 줄을 내가 알았음이니이다 3여호와여 원컨대 이제 내 생명을 취하소서 사는 것보다 죽는 것이 내게 나음이니이다 4여호와께서 이르시되 너의 성냄이 어찌 합당하냐 하시니라 5요나가 성에서 나가서 그 성 동편에 앉되

거기서 자기를 위하여 초막을 짓고 그 그늘 아래 앉아서 성읍이 어떻게 되는 것을 보려하니라 6하나님 여호와께서 박 넝쿨을 준비하사 요나 위에 가리우게 하셨으니 이는 그 머리를 위하여 그늘이 지게 하며 그 괴로움을 면케 하려 하심이었더라 요나가 박 넝쿨을 인하여 심히 기뻐하였더니 7하나님이 벌레를 준비하사 이튿날 새벽에 그 박 넝쿨을 씹게 하시매 곧 시드니라 8해가 뜰 때에 하나님이 뜨거운 동풍을 준비하셨고 해는 요나의 머리에 쬐매 요나가 혼곤하여 스스로 죽기를 구하여 가로되 사는 것보다 죽는 것이 내게 나으니이다 9하나님이 요나에게 이르시되 네가 이 박 넝쿨로 인하여 성냄이 어찌 합당하냐 그가 대답하되 내가 성내어 죽기까지 할지라도 합당하니이다 (욘 3:10-4:9)

요나는 니느웨 도시 전체가 하나님의 뜻을 돌이키는 것을 목격했습니다. 니느웨 인구는 대략 50만 명으로 추산되는 매우 큰 도시였습니다. 요나는 선지자이긴 했지만 매우 완고한 민족주의자였습니다. 요나는 자기 말대로 니느웨 사람들이 하나님께로 뜻을 돌이키는 것을 보고 싶어 하지 않았습니다. 그래서 애초에 니느웨로 가라는 하나님의 말씀을 듣고도 정반대인 다시스로 도망했던 것입니다. 하나님이 그를 붙들어 물고기 뱃속에 가두어 훈련시키기도 하셨고, 요나는 그 하나님께 항복하여 결국 니느웨로 오긴 했지만, 그의 내면 속에는 아직도 이방인들, 특별히 니느웨 사람들에 대한 편견이 잠재되어 있었던 것입니다.

요나는 왜 화를 낸 것입니까? 한 마디로 자기 뜻대로 안 된다는 것 때문이었습니다. 이런 요나의 분노는 우리에게도 얼마나 자주 많이 나타나는지 모릅니다. 하나님은 그에게 박 넝쿨을 예비하셨다가 하루 아침에 없애 버립니다. 요나는 이제는 덥기까지 하니까 세상에 되는 일이 없다고 화가 나다 못해 거의 패닉 상태, 미칠 지경까지 이르렀습니다. 얼마나 화가 났던지 하나님께 차라리 죽여 달라고 합니다. 하나님은 그에게 말씀하십니다.

10여호와께서 가라사대 네가 수고도 아니하였고 배양도 아니하였고 하룻밤에 났다가 하룻밤에 망한 이 박 넝쿨을 네가 아꼈거든 11하물며 이 큰 성읍 니느웨에는 좌우를 분변치 못하는 자가 십 이만 여명이요 육축도 많이 있나니 내가 아끼는 것이 어찌 합당치 아니하냐 (욘 4:10-11)

내 생각과 다르다고 해서 무조건 화부터 내고 보는 일은 우리가 조심해야 할 것입니다. 교회에는 내 생각과 다른 사람들이 많이 모인 곳입니다. 그러기에 (빌 4:2)에는 주 안에서 같은 마음을 품으라는 말씀도 하고 계십니다. 온전히 주 안에서 같은 마음을 품기까지는 시간이 필요합니다. 하나님께 초점을 맞추고, 아직 연약한 사람들을 위해 기다리며 인내하는 것이 필요합니다.

사람들이 나에게 못 해주면 그럴 수 있다고 생각하고, 당연하다고도 생각하며, 조금이라도 잘 해주면 너무 감사하고, 기쁨 마음으로 다가간다면 분노할 이유가 없습니다. 그런데 우리는 그렇지 못하니까, 상대방에게 너무 많은 것을 기대하고 바라니까 "나한테 어떻게 그럴 수가 있어?" 하면서 화를 내고, 스스로 상처입고, 또 상대방에게 상처를 주면서 복수하고, 결국 교회 전체가 이상해지는 것입니다.

분노의 감정, 그 자체가 나쁜 것은 아니지만 하나님 앞에서 합당한가를 잘 살피면서 잘 다스릴 수 있기를 바랍니다.

■ 정당한 분노들

성경은 몇몇 사람들의 분노를 하나님의 마음을 표출한 것으로 평가하고, 정당하게 인정하는 분노들이 있습니다. 이번에도 위의 경우처럼 사례 몇 가지를 열거해 보겠습니다.

1. 모세의 분노

4모세가 바로에게 이르되 여호와께서 이같이 말씀하시기를 밤중에 내가 애굽 가운데로 들어가리니 5애굽 가운데 처음 난 것은 위에 앉은 바로의 장자로부터 맷돌 뒤에 있는 여종의 장자까지와 모든 생축의 처음 난 것이 죽을지라 6애굽 전국에 전무후무한 큰 곡성이 있으리라 7그러나 이스라엘 자손에게는 사람에게나 짐승에게나 개도 그 혀를 움직이지 않으리니 여호와가 애굽 사람과 이스라엘 사이에 구별하는 줄을 너희가 알리라 하셨나니 8왕의 이 모든 신하가 내게 내려와서 내게 절하며 이르기를 너와 너를 좇는 온 백성은 나가라 한 후에야 내가 나가리라 하고 심히 노하여 바로에게서 나오니라 (출 11:4-8)

모세는 지금 누구에게 심히 노하고 있습니까? 그리고 그 분노의 이유는 무엇입니까? 모세는 지금 바로 왕에게 심히 노하고 있습니다. 지금 10가지 재앙 중 9가지 재앙까지를 마쳤습니다. 재앙이 있을 때는 임시 미봉책으로 바로가 약속을 했다가도 재앙이 마쳐지면 다시 마음을 강퍅케 하여 어깁니다. 이런 일이 계속 반복되자 모세는 이제 하나님이 내리시는 마지막 재앙, 장자를 치는 재앙을 선언합니다.

5애굽 가운데 처음 난 것은 위에 앉은 바로의 장자로부터 맷돌 뒤에 있는 여종의 장자까지와 모든 생축의 처음 난 것이 죽을지라 6애굽 전국에 전무후무한 큰 곡성이 있으리라

모욕당하는 부모를 보면서 분노하지 않는 자녀는 없을 것입니다. 모세는 지금 바로 왕에게 심히 노하고 있습니다. 모세의 분노는 단순히 바로가 당초 약속을 어긴 것에 대한 분노가 아니었습니다. 물론 처음에는 그런 이유도 없지 않아 있었을 것입니다. 그러나 이 본문은 그런 분노가 아닙니다. 모세는 계속되는 바로의 태도와 모습 속에 하나님을 이렇게도 두려워할 줄 모르는 세상 권력자들, 그 어두움의 배경에 대한 분노입니다. 하나님을 대적하는 무리들을 향한 거룩한 분노인 것입니다.

이런 분노는 성도들이라면 당연합니다. 아니, 이런 분노가 없는 사람은 그리스도인도 아니고, 하나님의 자녀나 하나님의 백성도 아닙니다. 앞서 말씀드린 것처럼 내 눈앞에서 나의 부모가 모욕을 당하고 있는데, 어떻게 내 마음이 평안하고 괜찮을 수 있습니까?

2. 느헤미야의 분노

1때에 백성이 그 아내와 함께 크게 부르짖어 그 형제 유다 사람을 원망하는데 2혹은 말하기를 우리와 우리 자녀가 많으니 곡식을 얻어 먹고 살아야 하겠다 하고 3혹은 말하기를 우리의 밭과 포도원과 집이라도 전당 잡히고 이 흉년을 위하여 곡식을 얻자 하고 4혹은 말하기를 우리는 밭과 포도원으로 돈을 빚내어 세금을 바쳤도다 5우리 육체도 우리 형제의 육체와 같고 우리 자녀도 저희 자녀 같거늘 이제 우리 자녀를 종으로 파는도다 우리 딸 중에 벌써 종된 자가 있으나 우리의 밭과 포도원이 이미 남의 것이 되었으니 속량할 힘이 없도다 6내가 백성의 부르짖음과 이런 말을 듣고 크게 노하여 7중심에 계획하고 귀인과 민장을 꾸짖어 이르기를 너희가 각기 형제에게 취리를 하는도다 하고 대회를 열고 저희를 쳐서 8이르기를 우리는 이방인의 손에 팔린 우리 형제 유다 사람들을 우리의 힘을 다하여 속량하였거늘 너희는 너희 형제를 팔고자 하느냐 더구나 우리의 손에 팔리게 하겠느냐 하매 저희가 잠잠하여 말이 없기로 9내가 또 이르기를 너희의 소위가 좋지 못하도다 우리 대적 이방사람의 비방을 생각하고 우리 하나님을 경외함에 행할 것이 아니냐 10나와 내 형제와 종자들도 역시 돈과 곡식을 백성에게 취하여 주나니 우리가 그 이식 받기를 그치자 (느 5:1-10)

느헤미야는 매우 신중하며 기도의 사람입니다. 무너진 예루살렘 성벽을 재건하기 위해 여러 날 울면서 기도하고, 아닥사스다 왕으로부터 조서를 받고, 낙담한 백성들의 마음을 추슬러서 수십 년 동안 하지 못한 일을 불과 52일 만에 마치게 한 지도자입니다. 그렇게 기도 많이 하고, 그렇게 신중한 사람이 화를 내고 있습니다. 무엇 때문입니까?

본문은 어려운 시절, 무너진 성벽을 함께 짓자면서도 한편으로는 고리의 이자놀이를 하면서 백성들을 착취하고 있는 귀인들, 민장들에 대해 백성들의 부르짖음과 탄식하는 소식을 듣고 느헤미야가 크게 노하여 중심에 계획하고 이들을 불러 모아 공개적으로 책망하는 내용입니다. 하나님의 백성들에게 고통을 주고, 범죄케 하고, 분열을 시키는 불의한 흐름들에 대한 분노였습니다. 느헤미야 입장에서는 어떻게 보면 민장들과 귀인들, 이 사람들은 유지들이고 지도자들이기에 이들의 협력이 매우 긴요했을 것입니다. 그러나 그는 과감하게 책망합니다. 하나님 앞에서 사람을 두려워하지 않고 바로 서 있는 사람들만이 가능한 일입니다.

오늘날에도 하나님께서는 이렇게 담백하고, 이렇게 중심이 바른 사람, 이런 열정이 있는 사람들을 찾으십니다.

3. 다윗의 분노

23그들과 함께 말할 때에 마침 블레셋 사람의 싸움 돋우는 가드 사람 골리앗이라 하는 자가 그 항오에서 나와서 전과 같은 말을 하매 다윗이 들으니라 24이스라엘 모든 사람이 그 사람을 보고 심히 두려워하여 그 앞에서 도망하며 25더러는 가로되 너희가 이 올라온 사람을 보았느냐 참으로 이스라엘을 모욕하러 왔도다 그를 죽이는 사람은 왕이 많은 재물로 부하게 하고 그 딸을 그에게 주고 그 아비의 집을 이스라엘 중에서 자유하게 하시리라 26다윗이 곁에 섰는 사람들에게 말하여 가로되 이 블레셋 사람을 죽여 이스라엘의 치욕을 제하는 사람에게는 어떠한 대우를 하겠느냐 이 할례 없는 블레셋 사람이 누구관대 사시는 하나님의 군대를 모욕하겠느냐 (삼상 17:23-26)

이 본문은 아버지의 심부름으로 형들의 안전 여부를 확인할 겸 형들에게 특별한 간식도 전달할 겸 다윗이 전쟁터에 나갔다가 이스라엘 진과 블레셋 진이 마주하고 있는 상황에서 싸움을 돋우는 블레셋의 골리앗 장군의 말을 듣게 되었는데, 이스라엘 중 아무도 그 말에 대해서 반응을 보이지 않는 모습을 보면서 다윗이 분노하는 내용입니다.

결국 다윗은 골리앗을 향해 마주 싸우게 됩니다. 그 과정은 이야기가 좀 기니까 생략을 하고, 골리앗을 향하여 던지는 다윗의 말 한 마디를 통해 다윗은 왜 분노를 하였으며, 어떻게 보면 상대가 되지도 않을 것 같은 이 무모한 싸움을 시작하는 것인지를 알 수가 있습니다.

45다윗이 블레셋 사람에게 이르되 너는 칼과 창과 단창으로 내게 오거니와 나는 만군의 여호와의 이름 곧 네가 모욕하는 이스라엘 군대의 하나님의 이름으로 네게 가노라 46오늘 여호와께서 너를 내 손에 붙이시리니 내가 너를 쳐서 네 머리를 베고 블레셋 군대의 시체로 오늘날 공중의 새와 땅의 들짐승에게 주어 온 땅으로 이스라엘에 하나님이 계신 줄 알게 하겠고 47또 여호와의 구원하심이 칼과 창에 있지 아니함을 이 무리로 알게 하리라 전쟁은 여호와께 속한 것인즉 그가 너희를 우리 손에 붙이시리라 48블레셋 사람이 일어나 다윗에게로 마주 가까이 올 때에 다윗이 블레셋 사람에게로 마주 그 항오를 향하여 빨리 달리며 49손을 주머니에 넣어 돌을 취하여 물매로 던져 블레셋 사람의 이마를 치매 돌이 그 이마에 박히니 땅에 엎드러지니라 (삼상 17:45-49)

결국 다윗은 이스라엘을 모욕하는 정도가 아니라 이스라엘의 하나님을 모욕하는 것에 대해서 분노하고, 이것을 참을 수가 없었던 것입니다. 하나님의 영광을 위한 이러한 거룩한 분노는 필요합니다.

4. 예수님의 분노

12그 후에 예수께서 그 어머니와 형제들과 제자들과 함께 가버나움으로 내려가 거기 여러 날 계시지 아니하시니라 13유대인의 유월절이 가까운지라 예수께서 예루살렘으로 올라가셨더니 14성전 안에서 소와 양과 비둘기 파는 사람들과 돈 바꾸는 사람들의 앉은 것을 보시고 15노끈으로 채찍을 만드사 양이나 소를 다 성전에서 내어 쫓으시고 돈 바꾸는 사람들의 돈을 쏟으시며 상을 엎으시고 16비둘기 파는 사람들에게 이르시되 이것을 여기서 가져가라 내 아버지의 집으로 장사하는 집을 만들지 말라 하시니 17제자들이 성경 말씀에 주의 전을 사모하는 열심이 나를 삼키리라 한 것을 기억하더라 (요 2:12-17)

마지막으로, 예수님의 분노의 모습이 '노끈으로 채찍을 만드사 양이나 소를 다 성전에서 내어 쫓으시고 돈 바꾸는 사람들의 돈을 쏟으시며 상을 엎으시고' 로 나타납니다. 사랑의 주님 이미지로는 상당히 과격하신 모습입니다. 예수님은 왜 이렇게 화가 나신 것입니까?

역시 주님께서 이런 일을 하시면서 하신 말씀에 귀 기울여 보시면 알 수가 있습니다. '이것을 여기서 가져가라 내 아버지의 집으로 장사하는 집을 만들지 말라' 고 예수님께서는 하나님의 성전이 탐욕의 무리들로 이용이 되고, 예배가 훼손되며, 가난한 자들이 멸시 받는 모습에 화가 나셨던 것입니다.

오늘날 우리는 어떻습니까? 얼마나 많은 사람들이 예배를 멸시합니까? 누구 만나러 가기 위해서는 긴장하고, 옷도 잘 챙겨 입고, 늦지 않으려고 서두를 줄은 알면서도 하나님 앞에 예배하는 일은 얼마나 소홀히 여기고 대수롭지 않게 여기는지 목회자 입장에서 때로는 분이 날 때가 있습니다. 같은 주님은 오늘도 같은 모습에 화를 내시지 않겠습니까?

그리스도인들의 온유함은 이래도 좋고, 저래도 좋은 무골호인(無骨好人)을 의미하는 것은 아닙니다. 하나님을 마음 중심에 모시고, 영광스러운 하나님의 나라를 소망하며 살기에 좌로나 우로 치우치지는 않지만, 불의 앞에서는 분명한 가치관을 가지고 대항하며, 심지어 목숨까지도 초개(草芥)같이 버릴 줄 아는 사람들입니다.

교회 안에서도 '꿩 잡는 게 매' 라는 식으로 결과만 좋으면, 사람들만 많이 모이면 수단과 방법을 가리지 않고 무슨 짓을 하였든지 상관없이 성공을 하고 번창하여 헌금만 많이 하면 그것이 축복이요, 미덕이 되는 경우들을 종종 보게 됩니다. 물론, 그렇지 않고 추상같은 징계를 통해 바로 잡는 교회가 전혀 없다는 말씀은 아닙니다만, 대부분 그렇다는 말씀입니다. 그래서 교회들이, 오늘의 그리스도인들이 힘을 잃어가고 있다는 말씀입니다.

다시금 이 땅에 '거룩한 분노' 들이 필요한 때라는 뜨거운 마음과 아울러 아버지 하나님께서 조국의 교회들 속에, 그리스도인들의 가슴속에 부흥의 불길을 다시 불어넣어 주시길 소원해 봅니다.

7. 그리스도인의 이혼에 대하여

1. 평소 말하지 않던 개인적인 이야기 하나

저는 개인적으로 이혼 가정에서 우울한 청소년기를 보냈던 추억이 있습니다. 제가 중학교 3학년 무렵, 부모님께서 이혼을 하신 것입니다. 이혼의 원인이야 여러 가지 있으셨겠지만 가장 큰 이유는 경제적 어려움과 성격 차이였습니다.

그런데 이 소식을 접하고 저는 자녀된 입장에서 얼마나 충격스럽고 혼란스러우며 고통이 되는지, 마치 나 때문에 부모님이 이혼을 하신 것 같았고, 가정은 더 이상 보금자리가 아니라 우울한 무덤과 같이 여겨져 더 이상 집에 들어가기가 싫었으며, 내 인생은 이제 내 맘대로 살아가야겠다는 반항심도 솟아올랐습니다. 하지만 장남인지라 하나 뿐인 여동생이 혹시나 잘못될까 하여 겉으로 표출하지는 않았고, 말수 없는 내성적인 모습으로 잠재되었습니다. 그러나 속에는 분노가 가득했고, 언제 터질지 모르는 시한폭탄과도 같았습니다.

물론 이혼의 와중에서도 부모님은 여전히 제 부모님이었고, 어머니는 집 밖에서 제 주변을 맴돌며 간간이 만나시거나 음식을 사주시고, 용돈을 주시기도 하셨습니다. 한 마디로 자식들에게는 잘 해주시려고 두 분 모두 무던히도 애쓰셨던 것으로 기억합니다.

그러나 이미 마음이 상해버린 저는 시큰둥했고, 고등학교 진학 문제도 부모님과 의논하지 않고 스스로 결정해 버렸습니다. 인문계가 아닌 실업계로 가버린 것입니다. 부모님은 이제 더 이상 나의 의논대상이나 모범이 되지 못했기 때문입니다. 어서 속히 고등학교를 졸업하고 취업을 해서 돈을 벌어 하루 빨리 이 집을 벗어나야겠다는 생각으로 온통 가득했었습니다.

그러던 중에 서른여덟 살의 젊은 나이로 작은아버지께서 세상을 떠나시게 되었고, 이 모습을 보면서 나는 누구이며, 어떻게 살아야 하는가에 대한 깊은 고민이 생겼습니다. 그러다가 중고등부 수련회를 통해 인격적으로 다가오신 예수님을 만났고, 내 삶이 바뀌었습니다.

돈을 많이 벌어 보란 듯이 살아보겠다는 생각은 주님의 영광을 위해 헌신하며 섬기는 삶으로 방향이 전환되었습니다. 부족한 인문 과목을 붙들고 다시 공부를 하면서 입시를 치르고 신학대학에 진학하였고, 지금까지 하나님의 은혜로 살아오고 있으며, 이젠 사십대 중반의 저도 한 아내의 남편이며, 고등학생 아들을 둔 아버지가 되어 있습니다.

저희 부모님께서는 제가 신학대학을 입학하면서 하나님의 긍휼히 여기심을 힘입어 다시 재결합을 하셨고, 경제적으로도 안정과 여유를 찾으셨으며, 두 내외분이 이제는 평안하게 여생을 함께 보내고 계십니다. 감사한 일입니다.

2. 성경과 이혼

이혼 문제는 하나님이 창조하신 가정의 원리에 매우 중대한 문제입니다. 따라서 성경은 이혼 문제에 관해 단순하게 하라, 하지 말라는 식으로 잘라 말하지 않고, 전후 사정을 충분히 설명하고 있습니다. 이혼 문제에 관해 몇 구절을 소개하고자 합니다.

1. 이혼을 허락하는 것처럼 보이는 말씀들

① 결혼 생활을 지속할 수 없을 만큼 수치 되는 이유가 있을 때

사람이 아내를 취하여 데려온 후에 수치 되는 일이 그에게 있음을 발견하고 그를 기뻐하지 아니하거든 이혼 증서를 써서 그 손에 주고 그를 자기 집에서 내어보낼 것이요 (신 24:1)

여기서 '수치 되는 일'이 무엇인지는 정확하게 알 수는 없지만, 당시 유부녀가 간음하다 적발되면 현장에서 돌로 치는 율법이 서슬 퍼렇게 있는 때이고 보면 간음 문제는 아닌 것이 분명합니다. 따라서 '수치 되는 일'은 아마 아내의 정신적인 장애나 육체적 결함 등을 의미한다고 짐작이 됩니다.

② 배우자의 부정으로 인해

내가 너희에게 말하노니 누구든지 음행한 연고 외에 아내를 내어버

리고 다른데 장가 드는 자는 간음함이니라 (마 19:9)

여기서 '음행'은 '부부 간의 성실성 없음'을 뜻하는 말로, 무분별하고 방종하며 문란한 성생활을 의미하며, 신약시대로 넘어오면서 결혼한 여자가 음행을 저지른 경우에 받던 죽음의 형벌이 이혼함으로써 결혼 관계를 청산하는 것으로 점차 바뀌어 갔음을 보여줍니다.

③ 신앙적인 다름을 들어 상대방이 이혼을 요구할 때

혹 믿지 아니하는 자가 갈리거든 갈리게 하라 형제나 자매나 이런 일에 구속 받을 것이 없느니라 그러나 하나님은 화평 중에서 너희를 부르셨느니라 (고전 7:15)

당시 초대 교회 그리스도인들에게는 신앙의 다름을 이유로 상대 배우자가 이혼을 요구하고 떠나가는 일들이 종종 발생하였습니다. 이 말씀은 그러한 상황에서도 그리스도인들은 신앙을 저버리지 말아야 하며, 이혼 문제에 대해서도 먼저 요구하는 자가 아닌 수동적이어야 하며, 불가피하게 극단적인 형편이 되어 이혼을 당할 경우, 그로 인해 구속받을 필요가 없다는 말씀입니다.

그러나 그렇다고 해서 곧바로 용기를 얻어 이혼으로 가지 않도록 주의해야 합니다. 성경을 단편적으로 몇 구절을 뽑아 그것을 곧바로 삶에 적용하는 것처럼 위험한 것은 없기 때문입니다. 특히 이런 문제는 그 말씀이 어떤 상황 속에서 쓰여지고 있는지 문맥 속에서 살펴보아야 그 의미가 정확하게 드러나는 것이기 때문입니다.

2. 이혼을 금하시는 말씀들

3바리새인들이 예수께 나아와 그를 시험하여 가로되 사람이 아무 연고를 물론하고 그 아내를 내어버리는 것이 옳으니이까 4예수께서 대답하여 가라사대 사람을 지으신 이가 본래 저희를 남자와 여자로 만드시고 5말씀하시기를 이러므로 사람이 그 부모를 떠나서 아내에게 합하여 그 둘이 한 몸이 될지니라 하신 것을 읽지 못하였느냐 6이러한즉 이제 둘이 아니요 한 몸이니 그러므로 하나님이 짝지어 주신 것을 사람이 나누지 못할지니라 하시니 7여짜오되 그러하면 어찌하여 모세는 이혼 증서를 주어서 내어버리라 명하였나이까 8예수께서 가라사대 모세가 너희 마음의 완악함을 인하여 아내 내어버림을 허락하였거니와 본래는 그렇지 아니하니라 9내가 너희에게 말하노니 누구든지 음행한 연고 외에 아내를 내어버리고 다른데 장가 드는 자는 간음함이니라 (마 19:3-9)

10혼인한 자들에게 내가 명하노니(명하는 자는 내가 아니요 주시라) 여자는 남편에게서 갈리지 말고 11(만일 갈릴지라도 그냥 지내든지 다시 그 남편과 화합하든지 하라) 남편도 아내를 버리지 말라 12그 남은 사람들에게 내가 말하노니(이는 주의 명령이 아니라) 만일 어떤 형제에게 믿지 아니하는 아내가 있어 남편과 함께 살기를 좋아하거든 저를 버리지 말며 13어떤 여자에게 믿지 아니하는 남편이 있어 아내와 함께 살기를 좋아하거든 그 남편을 버리지 말라 14믿지 아니하는 남편이 아내로 인하여 거룩하게 되고 믿지 아니하는 아내가 남편으로 인하여 거룩하게 되나니 그렇지 아니하면 너희 자녀도 깨끗지 못하니라 그러나 이제 거룩하니라 15혹 믿지 아니하는 자가 갈리거든 갈리게 하라 형제나 자매나 이런 일에 구속 받을 것이 없느니라 그러나 하나님은 화평 중에서 너희를 부르셨느니라 16아내된 자여 네가 남편을 구원할는지 어찌 알 수 있으며 남편된 자여 네가 네 아내를 구원할는지 어찌 알 수 있으리요 17오직 주께서 각 사람에게 나눠 주신 대로 하나님이 각 사람을 부르신 그대로 행하라 내가 모든 교회에서 이와 같이 명하노라 (고전 7:10-17)

3. 이혼을 생각하는 분들에게

그럼, 이 사람하고('이 사람'도 아닙니다. '이 인간' 하고!) 이런 지긋지긋한 고통을 겪어가며 계속 살아야 할 것인가 하는 문제는 매우 어렵습니다. 하루에도 열두 번씩 이혼 생각이 굴뚝같이 치밀어 오릅니다. 우리 부모님 세대는 자식의 앞날을 생각해서 참고 살았습니다. 그런데 이제는 자식도 자식이지만, 그렇게 살아내기에는 앞으로 살아갈 내 인생이 기가 막힙니다.

저희 교회에도 이미 이혼한 가정이 있고, 이혼은 아니지만 이혼을 기정사실화 하며 별거상태인 가정도 있습니다. 그리고 이혼장 써놓고 여차하면 이혼하려고 언제든지 '이혼 대기 상태'로 마치 시한폭탄과도 같이 위태위태하게 담임목사에게 기도의 제목을 주고 있는 가정도 한 가정 있습니다.

공교롭게도 이혼한 가정은 담임목사인 제가 기도하며 어떻게든 화합을 시켜보려고 애를 썼지만 실패한 케이스이고, 별거 중인 가정은 이미 별거 상태로 교회에 나왔지만 역시 담임목사인 제가 부부를 따로 불러 다시 합치게 하려 했으나 실패한 케이스입니다. 그 배경에는 남편의, 또는 아내의 정절에 대한 문제가 개입이 되어 있었기에 담임 목사의 중재도 소용이 없었던 경우입니다. 그리고 지금 이혼 대기상태의 가정은 부부 간의 의사소통이 잘 안 되며, 경제적인 문제까지 복합된 형태입니다.

다음은 이혼을 생각하는 분들에게 드리는 말입니다.

1. 하나님 앞에서 그것이 가장 최선인가를 생각해 보시기 바랍니다

오죽했으면 사랑한다고 결혼했던 배우자와 이혼을 결심했겠습니까? 그런데 지금은 무엇이 달라진 것입니까? 배우자와의 성격차이뿐아니라 요즘은 경제 활동의 무능이나 돈의 씀씀이 태도 등도 이혼을 생각하게 만드는 요인이 된다고 들었습니다. 그런데 이 사람은 전혀 변화의 가능성이 없는 사람일까요? 아니면 좀 더 시간을 두고 참고 견디어내면 변화될 수 있는 가능성이 있는 사람입니까?

하나님께서 변화시킬 수 없을 만큼 불가능한 사람은 없습니다. '이혼'이라는 극단적인 결정에 앞서 내가 이 사람을 위해 얼마나 '돕는 배필'로서의 역할에 최선을 다했는지를 질문해보는 것도 필요하다는 생각입니다.

2. 이혼은 서로에게 상처를 입히는 것입니다

종이 두 장을 마주보게 하여 풀로 붙인 후, 일정한 시간이 지난 다음에 다시 분리를 한다고 가정해보시기 바랍니다. 분명 서로의 살을 뜯어내며 흉측하게 찢겨져나갈 것입니다. 이혼은 이와 같습니다. 한 마음, 한 육체가 되어 살았던 사랑하는 사람들이 지금 인위적으로 뜯어지고 있습니다. 상처가 남는 것은 당연합니다. 그러기에 주님께서는 '이제 둘이 아니요 한 몸이니 그러므로 하나님이 짝지어 주신 것을 사람이 나누지 못할지니라'고 말씀하신 것입니다.

3. 이혼은 자녀에게도 치명적인 상처를 남깁니다

미성년인 자녀는 부모의 이혼을 받아들이기 어렵습니다. 이해할 수도 없고, 누구의 잘못이건 간에 부모 모두를 용서할 수도 없습니다. 며칠 전, 제가 사는 아파트 단지에서 12살 된 한 소년이 추락사를 하였습니다. 나중에 알고 보니 '이혼 가정'이었고, 새엄마와의 갈등으로 아파트에서 뛰어내린 것이었습니다.

언젠가 홍정길 목사님의 말씀을 듣는 중에 이혼은 자녀의 머리를 톱으로 켜는 행위와 같다는 말씀을 듣고 깊이 공감을 한 적이 있습니다. 제가 이혼 가정의 자녀였기 때문입니다. 세상이 온통 우울했으며, 미수에 그치긴 했지만 죽음을 생각했었고, 하루만의 방랑이 되어 버리긴 했지만 가출도 해보았습니다.

4. 이혼은 대물림 됩니다

술주정뱅이의 아들은 술주정뱅이가 될 확률이 그렇지 않은 가정의 자녀들보다 훨씬 높습니다. 가정 폭력을 경험하며 자란 아이는 가정 폭력을 행사하는 주인공이 되기 쉽습니다. 참으로 부끄러운 이야기입니다만 이혼 가정에서 자란 저는 '이혼'에 대한 분노와 두려움이 동시에 잠재되어 있었고, 부부 간의 작은 트러블에 어떤 해결책을 모색하기보다는 불쑥 '이혼하자'고 제 아내에게 이혼을 요구했던 적도 있었습니다. 그때는 이미 신앙생활을 하는 정도가 아니라 선교사요, 목사였을 때입니다. 나중에 알고 보니 그것이 상처였고, 하나님 앞에서 제가 가지고 있는 '쓴 뿌리' 였습니다.

이혼은 인간의 죄성과 함께 하나님이 창조하신 아름다운 가정을 깨려고 끊임없이 시도하는 사단의 나쁜 영향력의 결과입니다.

끝으로, 우리나라의 제왕절개 수술률이 세계 1위라고 합니다. 그 이유는 산고의 고통을 감당하려는 의지가 약한 까닭입니다. 그 끔찍한 고통을 겪어내느니 수술을 해서라도, 아니면 무통 약물을 의존해서라도 결과만 어서 속히 얻어내야겠다는 생각 때문입니다.

저는 이혼 문제도 그런 맥락에서 생각합니다. 서로 사랑하기에 날마다 함께 있고 싶어서 우리는 결혼을 합니다. 그러나 엄연히 이 사람은 30년 가까이, 혹은 그 이상을 나와는 다른 환경에서 다른 성장과정을 겪으며 자란 사람입니다. 나와 똑같을 수 없습니다. 그렇다고 한다면 서로 적응하는데 시간이 필요합니다.

성격 차이들을 많이 말씀하시는데, 성격 차이는 있는 것이 당연합니다. 세상에 성격이 나와 꼭 맞는 사람은 없습니다. 이 역시 서로 맞춰 가는 작업이 필요합니다. 어쩌면 사랑은 잠깐일지 모릅니다. 그러나 서로 이해하고, 용납하는 일은 평생 해야 하는 것입니다. 그것이 결혼입니다.

8. 그리스도인의 죽음에 대하여

지난여름, 가까이 알고 지내던 장로 한 분이 암으로 투병생활 불과 6개월 만에 소천하셔서 너무 가슴 아팠던 적이 있었는데, 그런 기억의 여운이 채 가시기도 전에 며칠 전 뜻하지 않은 죽음 소식을 또 하나 들었습니다. 역시 가까이에 알고 지내는 어느 목사님의 아내, 그러니까 사모님께서 어지럼증을 호소하시며 쓰러졌는데, 그 날 심장마비로 이어져 소천하신 것입니다. 사모님의 연세가 아직 50대 초반이시고, 아흔 되신 노부모를 모시고 계신 데다 자녀들도 대학생과 고등학생으로 지금 소천하시기에는 너무 이르다 싶어 애석하고, 가슴이 아팠습니다.

교회는 초상집 분위기가 되었건만, 그 황망한 와중에도 교인 앞에서 의연하려고 애쓰시는 남편 목사님의 모습을 보면서 가슴이 저려옴을 느꼈습니다. 물론 저 역시 15년쯤 전, 지금보다 훨씬 젊은 날에 선교지에서 아내와 함께 죽음 이후의 이런저런 일들을 생각하며 산 자들 앞으로 유서를 써본 적은 있습니다만, 그리고 목회를 하면서 성도들의 죽음을 보고 장례 예배도 참석을 하거나 인도를 여러 차례 해왔습니다만, 이번에는 목회자 가정에 일어난 죽음 소식이라 그런가, 아니면 나 자신도 이제는 그동안 살아온 날보다 앞으로 살아갈 날이 적다는 생각이 들어서인가, 죽음에 대해서 예전보다 더 진지하게 생각을 해보게 되었습니다.

■ 죽음이란?

'죽음' 은 사전적인 의미로는 '생명활동이 정지되어 다시 원상태로 돌아오지 않는 생물의 상태' 를 말합니다. 다시 말씀드려서 죽음은 생명이 떠난, 생명의 정지 상태를 말하며, 생기가 있는 것에서 생기가 없는 것으로의 변화이며, 심장이 멈추고 호흡이 끊어지며 몸이 뻣뻣하게 굳은 상태를 말합니다.

그런데, 성경은 죽음에 대해서 좀 더 깊이 말씀을 하고 있습니다.

흙은 여전히 땅으로 돌아가고 신은 그 주신 하나님께로 돌아가기 전에 기억하라 (전 12:7)

이 말씀에 의하면, 죽음을 설명하기를 몸은 무덤으로 가서 분해되고, 영혼은 하나님께로 돌아가는 것으로 설명하고 있습니다. 다시 말씀드리면, 인간에게 있어 죽음은 몸과 마음과 영혼으로부터의 분리인 것입니다.

■ 죽음의 종류

1. 영적인 죽음

선악을 알게 하는 나무의 실과는 먹지 말라 네가 먹는 날에는 정녕 죽으리라 하시니라 (창 2:17)

너희의 허물과 죄로 죽었던 너희를 살리셨도다 (엡 2:1)

에덴동산에서 아담과 하와는 금지된 실과를 따먹었을 때 육신상으로는 죽지 않았습니다. 즉 그 과일에 무슨 독이 있어서 하나님께서 금지하신 것이 아니라는 말씀입니다. 하나님께서는 그것을 통해 순종을 기대하셨던 것이고, 그들은 불순종하므로 하나님과 관계가 깨져 버린 것입니다. 육신적으로는 죽지 않았지만 하나님과 관계가 단절될 상태, 이것을 '죽음' 이라고 합니다. 그들은 영적으로 죽은 것입니다. 즉, 영적인 죽음은 하나님과 분리되어 더 이상 하나님의 임재가 계속되지 않는 것을 말합니다.

2. 육체적인 죽음

여호와 하나님이 아담과 그 아내를 위하여 가죽옷을 지어 입히시니라 (창 3:21)

가인이 그 아우 아벨에게 고하니라 그 후 그들이 들에 있을 때에 가인이 그 아우 아벨을 쳐 죽이니라 (창 4:8)

하나님께서는 아담과 하와의 범죄 이후에 그들의 치부를 가려줄 옷을 지어 입히셨는데, 가죽옷을 지어 입히셨습니다. 이 말은 이들의 치부를 가려줄 가죽을 얻기 위해 어떤 동물의 희생이 있었음을 보여줍니다.

성경학자에 따라 이것은 인간의 죄를 속하기 위한 첫 번째 희생이자 구약 속죄 제사의 원형(레 4:13-21)으로 보며, 또한 장차 인류의 죄를 대신 담당하실 예수 그리스도의 희생적 죽음을 예표하는 원시적 사건(롬 3:25)으로 보는 분들도 있습니다만, 어쨌든 분명한 것은 아담과 하와의 범죄 이후 육체적 죽음도 함께 시작되었다는 것입니다. 그리고 최초로 죽은 인간은 그의 형 가인에 의해 살해당한 아담의 아들 아벨이었습니다.

■ 죽음의 범위 – '모든 사람'

이러므로 한 사람으로 말미암아 죄가 세상에 들어오고 죄로 말미암아 사망이 왔나니 이와 같이 모든 사람이 죄를 지었으므로 사망이 모든 사람에게 이르렀느니라 (롬 5:12)

■ 죽음의 원인 – '죄'

범죄하는 그 영혼은 죽을지라 (겔 18:20)

죄의 삯은 사망이요 하나님의 은사는 그리스도 예수 우리 주 안에 있는 영생이니라 (롬 6:23)

한번 죽는 것은 사람에게 정하신 것이요 그 후에는 심판이 있으리니 (히 9:27)

죽음은 하나님에 대한 불순종 때문입니다. 죽음은 죄의 직접적인 결과인 것입니다. 육신상의 죽음을 놓고 의사는 다양한 원인을 사망진단서에 기재할 수 있겠지만, 모든 죽음의 근본적인 원인은 '죄' 인 것입니다. 질병은 하나님께서 에덴동산에서 인류에게 선포하신 형벌을 시행하시는데 사용했던 즉각적인 섭리입니다.

■ 육체적 죽음에 대한 성경의 묘사

1. 잠

이 말씀을 하신 후에 또 가라사대 우리 친구 나사로가 잠들었도다 그러나 내가 깨우러 가노라 (요 11:11)

우리가 예수의 죽었다가 다시 사심을 믿을진대 이와 같이 예수 안에서 자는 자들도 하나님이 저와 함께 데리고 오시리라 (살전 4:14)

무릎을 꿇고 크게 불러 가로되 주여 이 죄를 저들에게 돌리지 마옵소서 이 말을 하고 자니라 (행 7:60)

2. 영혼을 요구함

하나님은 이르시되 어리석은 자여 오늘 밤에 네 영혼을 도로 찾으리니 그러면 네 예비한 것이 뉘 것이 되겠느냐 하셨으니 (눅 12:20)

3. 이 땅의 집을 치움

만일 땅에 있는 우리의 장막 집이 무너지면 하나님께서 지으신 집 곧 손으로 지은 것이 아니요 하늘에 있는 영원한 집이 우리에게 있는 줄 아나니 (고후 5:1)

이는 우리 주 예수 그리스도께서 내게 지시하신 것같이 나도 이 장

막을 벗어날 것이 임박한 줄을 앎이라 (벧후 1:14)

4. 돌아오지 않는 곳으로 감

수년이 지나면 나는 돌아오지 못할 길로 갈 것임이니라 (욥 16:22)

가로되 모세와 선지자들에게 듣지 아니하면 비록 죽은 자 가운데서 살아나는 자가 있을지라도 권함을 받지 아니하리라 하였다 하시니라 (눅 16:31)

5. 적막 속으로 내려감

죽은 자가 여호와를 찬양하지 못하나니 적막한데 내려가는 아무도 못하리로다 (시 115:17)

6. 혼을 내어 놓음

곧 베드로의 발 앞에 엎드러져 혼이 떠나는지라 젊은 사람들이 들어와 죽은 것을 보고 메어다가 그 남편 곁에 장사하니 (행 5:10)

예수께서 큰 소리로 불러 가라사대 아버지여 내 영혼을 아버지 손에 부탁하나이다 하고 이 말씀을 하신 후 운명하시다 (눅 23:46)

■ 죽음으로부터 구제책

내가 진실로 진실로 너희에게 이르노니 내 말을 듣고 또 나 보내신 이를 믿는 자는 영생을 얻었고 심판에 이르지 아니하나니 사망에서 생명으로 옮겼느니라 (요 5:24)

내가 사망의 음침한 골짜기로 다닐지라도 해를 두려워하지 않을 것

은 주께서 나와 함께 하심이라 주의 지팡이와 막대기가 나를 안위하시나이다 (시 23:4)

현대과학 의사들은 생명을 연장시키기 위해 상당한 것들을 할 수 있습니다. 그러나 그런 것은 잠시 수명을 연장시킬 수는 있지만, 근본적인 해결책은 되지 않습니다. (히 9:27)의 말씀처럼 인간은 '죽는다는 것이 정해진 존재' 이기 때문입니다. 죽음으로부터 근본적인 구제책은 오직 예수 그리스도를 믿음으로 말미암아 주시는 영생을 소유하는 것입니다.

■ 죽은 자들에 관한 질문들

1. 자살한 사람

자살은 자발적이자 의도적으로 자신의 생명을 끊는 행동입니다. 성경은 사울(삼상 31장), 아히도벨(삼하 17장), 가룟 유다(마 27장)의 자살을 기록하고 있습니다. 자살은 일반적으로 하나님의 생명 주권을 월권하는 것이며, 회개의 기회를 상실하게 만드는 범죄로 어떠한 극한 상황이라 할지라도 성도들은 생각하지 말아야 할 죄악입니다.

2. 어린아이의 죽음

아직 세상을 보지도 못하고 어머니 모태에서 사산된 아기나 유산 또는 낙태된 아기들, 또는 몇 시간 혹은 몇 년을 산 어린이들, 죽을 때 아직 옳고 그름을 가려낼 수 없고, 사고할 수 없는 연령의 아이들의 죽음과 그 이후 문제는 교단마다 다양하게 이해되고 있습니다. 분명한 것은 이 역시 긍휼이 풍성하신 하나님의 주권 영역에 속하는 부분이지, 우리가 어떤 인간적인 연민의 마음이나 휴머니즘이나, 이러쿵저러쿵 자기 입장을 가지고 논할 성격의 문제는 아니라는 것입니다.

3. 화장(火葬)에 대하여

산 사람을 불태워 죽이는 행위는 이방적인 이교 숭배와 연관되어 있습니다(왕하 16:2-3, 17:16-17, 21:1-2,6). 그러나 이것은 장례법으로서의 화장(火葬)과는 구별됩니다. 화장 때문에 부활이 저해되는 것은 아닙니다. 또한 화장은 매장에 비해 사람을 두 번 죽이는 것도 아닙니다. 그것은 잘못된 생각입니다.

나라와 문화에 따라 화장에 대한 정서적 거부감은 있을 수 있습니다만, 사람의 죽음 환경으로 볼 때 바다에서 또는 무슨 폭발이나 사고 등으로 인해 시신을 찾지 못하는 경우도 있을 것입니다. 로마 시대나 중세 순교자들은 원형경기장에서 그들의 육체가 사자 밥이 되기도 했습니다. 이렇게 사람은 시신을 찾을 수 없을지 모르나 하나님께서는 잊지 않으시고 이 영혼들을 마지막 부활의 날에 다 불러 모으실 것입니다.

기독교는 화장(火葬)도 장례법의 하나로 권장하고 있습니다.

4. 환생(還生), 강신술(降神術), 죽은 자를 위한 제사, 기도

환생은 영혼이 저승으로부터 돌아와 또 다른 몸이나 형상 속에 다시 들어간다는 신념인데, 성경은 단호하게 각 사람은 단 한 번 지상에 존재한다고 말씀하십니다.

한번 죽는 것은 사람에게 정하신 것이요 그 후에는 심판이 있으리니 (히 9:27)

그런 면에서 강신술(降神術)이나 죽은 조상이 후손을 찾아와 강복(降福)을 한다는 의미의 제사, 죽은 자의 상태를 변화시켜보겠다는 기도는 무의미한 것이며, 하나님이 진노하시는 우상숭배와 하나님의 주권을 침해하는 죄가 됩니다.

러시아의 문호 톨스토이의 〈사람은 무엇으로 사는가〉 라는 작품을 보면, 죽음의 문제를 다루고 있습니다. 이 작품 속에서 천사 미하일은 한 여인의 영혼을 거두러 왔다가 이제 막 쌍둥이 아기를 출산한 여인임을 알게 되고, 산모의 간청을 듣게 됩니다.
"천사님! 제 남편은 나무에 깔려 며칠 전 죽었습니다. 이 아이들을 키워줄 고모도 이모도 할머니도 없습니다. 제발 이 애들이 클 때까지 내가 키울 수 있도록 내 영혼을 가져가지 마십시오. 아이들은 부모 없이 살 수 없습니다!"
이 말을 듣고 그 여인을 향한 연민의 마음으로 그 영혼을 거두기보다는 대신 한 아이에게 젖을 물려주고, 한 아이는 어머니의 팔에 안겨준 뒤 하늘나라로 올라갑니다. 결과적으로 하나님의 뜻을 거스른 죄로 날개를 잃고 땅으로 떨어져 세몬이라는 가난한 구두장이와 그의 아내 마트료나와 함께 지내면서 하나님의 가르침을 깨우치는 줄거리입니다.
'이 여인이 죽으면, 이 아기들은 어떻게 하나?'

그러나 결국 톨스토이는 사람이 사는 것은 우리의 생각과 달리 하나님의 주권 아래 있으며 사랑과 용서, 돌봄 등을 통해서 하나님의 인도하심이 있다는 것을 교훈하고 있습니다. 죽음은 우리가 생각하고 염려하는 것처럼 절망스러운 것은 아닙니다. 죽음도 참 좋으신 하나님의 주권 아래 있는 영역이기 때문입니다.

물론, 우리의 삶 가운데 주님이 재림하신다면 우리는 죽음을 맛보지 않을 것입니다. 그러나 그런 경우를 제외하고는 누구나 한 번은 죽음을 경험하게 될 것입니다. 어린 시절, 어머니 무릎을 베고 놀다가 스르르 잠이 들었던 적이 있습니다. 어머니는 나를 안아 이부자리에다 뉘고 이불을 덮어 주셨습니다. 다음 날 아침, 저는 너무나 편안한 잠자리에서 상쾌한 아침을 맞이할 수 있었습니다. 죽음도 마치 이와 같습니다. 수고로운 이 세상 나그네 길로부터 영광스러운 하나님의 나라로 옮겨 가기 위해 잠시 잠을 주시는 것과 같다는 말씀입니다.

그러나 죽음은 모든 인간에게 본능적으로 두려움을 갖게 만듭니다. 이것은 죽음의 과정이 육체적 아픔을 수반할 때가 있기도 하고, 아직 준비되지 않았을 경우 남은 자들에 대한 염려와 불안함 때문이기도 합니다. 또한 죽음이 이별이라는 면에서는 서운하고 슬프기도 합니다. 살아남은 자들에게는 그 슬픔이 고통으로 다가오기도 합니다.

그럼에도 불구하고, 우리가 다시 소망을 가지고 일어날 수 있는 것은 친히 십자가에 달려 고통과 육체적 죽음을 맛보시고 장사되어 무덤에 내려가신바 되었다가 사흘 만에 사망 권세를 깨시고 부활하심으로 잠자는 자들의 첫 열매가 되신 예수 그리스도를 주님으로 모신 소망의 존재들이기 때문입니다.

낙엽 지는 이 가을에 죽은 듯 동면에 들어갈 준비를 하는 나무들이 새봄이면 다시 싹을 틔우며 생명의 찬가를 부르듯, 육체적 죽음 저 너머에 있는 영광스러운 하나님 나라의 새로운 부활의 소망을 가지고, 삶에 담대함과 용기를 가지고 힘차게 발걸음을 내딛을 수 있기를 소망해 봅니다.

9. 목사의 재혼에 대하여

며칠 전, 어느 목사님께서 사모님 소천 후에 재혼을 하셨다는 소식에, 소천하신 사모님의 투병과 마침내 소천 소식에 함께 가슴 아파하여 기도해주었던 여러 사람들이 축하와 축복을 해주셨습니다. 그러나 그런 와중에 '사모님 가신 지 얼마나 되었다고…' 하며 좀 안타깝게 생각하는 분들의 모습도 보였습니다.

저는 잠시 목사의 재혼에 대해서 생각을 해보게 되었습니다. 남의 일 같지 않고, 제게도 닥칠지 모르는 일일 수 있다는 생각이 들었습니다.

제가 가장 복되게 생각하고, 그러기에 기도의 제목으로 삼는 것은 20대 청년기에 만나 21년 넘게 함께 살아오고 있는 조강지처인 지금의 제 아내와 평생을 해로하는 것이고, 거의 동시에 세상을 떠나는 것입니다. 그것이 여의치 않으면 제가 목회 중일 때는 아내가 먼저 떠나는 것이고, 제가 목회를 은퇴한 시점일 때는 제가 먼저 떠나는 것입니다.

목사가 목회하다가 소천하면 교인들의 인심이 얼마나 몰인정하고 사나워지는지를 본 까닭이요, '홀사모' 들이 얼마나 불쌍한 존재로 전락되는지를 아는 까닭입니다. 그래서 혹여 중병이 걸려 세상을 떠나게 된다면 차라리 사모가 먼저 가는 것이 낫겠다는 생각이고, 목회 은퇴하고 장성한 자녀가 있을 때는 차라리 아내 앞에서 내가 먼저 떠나는 것이 추하지 않고 (남자는 늙어 혼자 지내면 자식이나 며느리들에게 더 큰 짐이 되는 것을 보았기에) 바람직하다는 소원입니다. 그러나 생명 주권은 하나님께 있는 것이므로 이 어찌 마음대로 할 것입니까? 말이 그렇고, 기도의 제목이 그렇다는 것이지요.

목사의 재혼 문제는 두 가지로 나누어 생각해야 할 것 같습니다. 하나는 '재혼' 이라는 부분이고, 또 하나는 '목사의' 재혼이라는 것입니다. 그래도 어쨌든 재혼 문제는 목사의 재혼이건, 일반 성도들의 재혼이건 그렇게 간단한 문제는 아닙니다.

1. 재혼

재혼은 다시 몇 가지로 나누어지는데 이혼으로 인한 재혼인가, 아니면 사별로 인한 재혼인가? 그리고 재혼 당사자들이 자녀가 있는가, 없는가? 자녀가 있다면 양쪽 다 있는가, 아니면 한 쪽만 있는가? 재혼 형태로 볼 때 양쪽 다 재혼인가, 둘 중 한 쪽은 초혼인가? 연령은 얼마나 되며, 서로의 연령 차이는 어떻게 되는가? 그리고 자녀들은 또 연령대가 어떻게 되는가 등 초혼 때는 생각지 않았던 많은 부분들이 매우 복잡하게 결부되어 있습니다.

1. 이혼으로 인한 재혼

통계청이 발표한 『2007년 조혼인율 및 조이혼율 통계결과』에 따르면 2007년 결혼한 사람은 33만2천 쌍이고, 이혼한 건수는 12만5천 건에 달한다고 하니 우리나라의 이혼율은 거의 38%에 육박하며, 결혼한 부부 3가정 중 1가정은 이혼했거나 이혼 위기에 있다는 것을 의미합니다. 뿐만 아니라, 요즘은 결혼생활 20년 이상을 넘긴 분들의 '황혼 이혼'도 점점 늘어나고 있습니다.

이혼 후 재혼의 경우에는, 자녀들의 입장에서는 부모가 엄연히 살아 있음에도 또 다른 부모를 받아들여야 하는 것을 의미합니다. 어느 정도 장성하여 '어른들의 삶'을 이해하고 받아들일 수 있는 입장의 자녀라면 모르지만(그래도 마음에 상처가 되는데), 아직 정신적으로, 육체적으로, 물질적으로 보호자가 필요한 어린 자녀들의 경우에는 부모의 이혼이 매우 충격적이고, 정신적인 상처뿐 아니라 가치관 형성에 큰 혼란과 방황을 주게 됩니다.

아무리 일정 기간 동안 부모를 오가며 만날 수 있다 해도, 이혼 후 재혼까지 이어지면 그 사이에 낀 자녀들은 분노감을 품고, 마음 둘 곳 없는 '떠버린 존재'가 되어 적극적으로는 가출, 탈선 등으로 표출되고, 소극적으로는 불신과 냉담의 형태로 나타납니다.

2. 사별로 인한 재혼

이 경우에는 부모와 자녀 간의 신뢰감이 깨지지 않은 상태입니다. 그리고 일정 기간이 지나면 조금 큰 자녀들은 배우자 사별 후 남아있는 부모의 남은 인생을 위해 재혼을 권하기도 합니다. 물론, 아직 미숙한 자녀들은 부모의 재혼을 먼저 돌아가신 아버지(또는 어머니)에 대한 배신과 동일시하며 거부감을 표출하기도 하지만, 그러나 이 역시 너무 서두르지 않고, 자녀들을 여전히 변함없이 사랑하며, 가정을 다시 세우기 위한 것이라는 진심이 통하면 자녀들의 마음이 열리고 받아들이게 됩니다.

이혼 후 재혼이건, 사별 후 재혼이건 남아있는 문제는 먼저 배우자의 부모, 형제 가족들입니다. 사별 후 재혼의 경우는, 자신의 직계 가족을 잃은 데 이어 재혼으로 인해 가족으로서의 남아 있던 법적인 관계마저 단절되게 되므로 그들의 상실감과 배신감은 의외로 커서 재혼 자체를 축복하기가 쉽지 않습니다.

뿐만 아니라, 재혼 상대의 자녀들과의 좋은 관계를 맺어가기에는 신중하고 진심어린 마음으로 시간을 두고 다가가는 노력이 필요합니다. 초혼 때는 내 자신의 결정이 가장 중요했다면, 재혼 때는 자녀의 동의가 매우 중요합니다. 그래서 서두르기보다는 기다려야 하는 것이지요.

2. '목사의' 재혼

일반 직장인들은 그저 직장에서 주어진 일에 충실하다가 퇴근하면 그 나머지 사생활이야 남에게 피해만 주지 않는다면 누가 이러쿵저러쿵 할 사람이 별로 없습니다만, 목사는 전혀 다른 적용을 받는 사람입니다.

우선, 목사는 예배나 심방 등 목회 현장 속에서 필연적으로 부부가 노출이 되어 있습니다. 목사의 아내인 사모가 교회에서 무슨 대단

한 일을 하거나 그렇지는 않아도, 사모 없는 목사는 생각할 수 없습니다. 세상에 교회만큼 말 많은 곳이 없기 때문에 심방 역시 목사와 사모가 함께 가는 것이 자연스럽고, 구설수에 휘말릴 소지를 없애줍니다. 따라서 저희 교단(예장 합신) 같은 경우, 아무리 목사 고시를 좋은 성적으로 합격하고, 불을 뿜는 설교를 하고, 기도의 능력이 많은 사람이라고 해도 결혼하지 않으면 목사 안수를 주지 않습니다.

아내와 사별한 목사는 재혼해야 합니다. 이것은 개인 문제를 넘어 교회를 건강하게 세워가는 일에 소명 받은 공인으로서 마땅한 일입니다. 본인이 스스로 이 문제를 해결할 여력이 없으면, 교회가 목사의 재혼문제를 함께 기도하고 이루어지도록 힘써야 하는 것입니다. 우리가 잘 아는 '일사각오(一死覺悟)'의 순교자 주기철 목사님의 경우에도 그 배후에는 재혼한 오정모 사모님의 신앙의 격려와 기도가 얼마나 중요했는지 그의 순교일화에 보면 나옵니다.

물론, 한국전쟁 중 곧 다시 만날 줄 알고 북녘 땅에 두고 남으로 내려왔다가 남북이 분단되는 와중에 생이별을 하게 되어 평생을 혼자 독신으로 지내며 의료사업에 헌신을 하셨던 한국의 슈바이처 장기려 박사 같은 분들도 계시지만, 목사는 남의 집 안방까지 들어가는 그 특수성 때문에 독신으로 목회하기가 쉽지 않은 것입니다.

요즘 저희 부부는 부부 간에 갈등이 심각한 어느 오십대 부부를 이쪽저쪽 만나며 하나님의 말씀으로 권면도 하고, 상담도 하고 있는 중입니다.

누가 현숙한 여인을 찾아 얻겠느냐 그 값은 진주보다 더 하니라(잠

31:10), 집과 재물은 조상에게서 상속하거니와 슬기로운 아내는 여호와께로서 말미암느니라(잠 19:14) 는 말씀처럼 문득, 부부 간에 건강하고 서로 사랑하며 사는 사람들이 비록 고대광실 큰 집에서 부귀영화를 누리며 살지는 못한다 해도 얼마나 복된 일인가 하는 생각을 하게 되었습니다.

자동차를 운전하고 다니다보니 불과 십 년 남짓 사용하는 자동차도 애지중지하며 일정한 기간이 지나면 엔진 오일도 갈아주고, 정기적으로 소모되는 부품도 교체하며 점검합니다. 그런데 평생을 함께 사는 자신의 배우자는 마치 '맡아 놓은 떡' 처럼 여기고 관심을 소홀히 하는 것은 아닌가 하는 생각이 종종 들곤 합니다.

애정의 불씨가 꺼지지 않도록 자주자주 내 몸처럼 서로의 건강도 챙겨주고, 요즘 어떤 생각을 하면서 살고 있는지 함께 마음 나누기에도 힘써야 할 것입니다. 부부는 있을 때 잘하고, 살아있을 때 잘 관리해서 오래도록 행복하게 서로를 쓸 수 있어야 하는 것이라는 생각입니다.

10. 남을 칭찬하는 일에 대하여

아무 연고도 없는 이곳 시화공단 지역에서 처음에 저희 부부가 교회를 개척할 때 한 영혼, 한 영혼이 얼마나 소중했던지 그야말로 교회에 와주는 것만 해도 감사했었습니다.

세상에 이렇게 작은 교회에도 예배를 드리겠다고 찾아오고, 또 나같은 사람에게도 설교를 듣겠다고 오는 사람이 있다니! 그리고 그 다음 주일에도, 그 다음 주일에도 이 바쁜 세상에 다른 데 가지 않고, 또 그 말씀을 듣겠다고 이 작은 교회를 찾아오다니! (개척 초기에 저희 교회는 스무 평 남짓한 사택을 절반 나누어 썼는데, 교인 20여 명만 앉으면 예배실이 꽉 찼답니다).

물론 본인들의 신앙이 있기도 했겠지만 개척 교회 목사인 저는, 마치 아기를 낳아놓고 그 앙증맞은 손가락이며 발가락이 얼마나 신기하고 신통하던지 자꾸 만져보는 산모처럼 교인 한 사람, 한 사람에게 지극한 관심을 가지고 정성을 기울였습니다.

그런데 일 년이 지나고, 또 일 년이 지나고 해를 거듭해 갈수록 이제는 교회를 찾아온 것만 해도 감사하다는 처음의 그 마음보다는, 사람들의 성숙과 성장을 향한 어떤 기대감을 가지고 대하게 되었습니다. '이 사람들을 키워서 일꾼이 되면 이런저런 사역들을 감당하도록 해야겠다. 그것이 또 주님의 뜻이기도 하니까' 하는 생각을 가진 것입니다. 이것은 개척 처음부터 가진 목회 철학이기도 했습니다.

그러기에 각종 제자훈련도 하게 되고, 설교에 대한 반응, 섬김에 대한 기대를 하게 되었지요. 그런데 기대가 크면 실망도 크다고 했던가요? 기대만큼 변화되지 않는 교인들, 조금만 자기 마음에 들지 않으면 엉뚱한 소리를 하며 실쭉샐쭉 삐지기를 잘하는 교인들, 이런저런 교인들을 겪어가면서 어느 새 나의 입에서는 칭찬과 격려가 점점 줄어들게 되었습니다. 반면에 제 마음은 조급해지기 시작했습니다.

생각해보면, 나하고는 피 한 방울 섞이지 않은 사람들이고, 나에게 잘 해줄 이유가 아무것도 없는 사람들인데 매 주일마다 교회에 와서 딱딱한 의자에 한 시간씩 앉아 말씀을 듣고, 식사 봉사며, 예배실 청소며, 이런저런 수고들을 하는 분들인데, 단지 목사인 나의 기대만큼 빨리 변화되지 않는다는 이유로 감사보다는 한숨과 탄식으로 여러 날들을 보냈던 것입니다. 지금 생각하니 제 자신이 그땐 열정은 있었으되 지혜가 부족하고 연소함을 드러내었던 것 같습니다.

이제 개척을 하여 한 교회에서만 10년을 넘게 목회를 하는 요즘은, 할 수 있는 대로 교회 식구들에게 많은 칭찬과 격려를 하려고 노력합니다. 어떤 입발림 말로가 아니라 진심을 담아 칭찬합니다. 이 일이 가능한 것은 '기대의 수준을 낮췄기 때문' 입니다. 사람들은 담임목사와 똑같지 않습니다. 물론 담임목사보다 교회 일에 더 나은 헌신을 하는 분들도 없지 않아 있겠지만, 일반적으로는 담임목사가 가장 헌신됩니다.

그것을 담임목사가, 왜 나와 똑같지 않느냐고, 왜 나처럼 새벽기도에 안 나오며, 왜 나처럼 헌금 생활을 하지 않으며, 왜 나처럼 모든 공예배에 참석을 하지 않으며, 왜 나처럼 큐티며 성경을 읽지 않으며, 왜 나처럼 기도생활을 하지 않느냐고 하는 것은 무리입니다.

그저 그 사람의 입장을 이해하고, 각 사람의 처지와 형편에 따라 기대의 수준을 조금 낮춰서 '그만해도 참 잘 하는 것'이라고 생각합니다. 그러면 저절로 칭찬과 격려가 나옵니다. 그때 하나님께서 일하십니다.

술에 찌들어 가족들에게 고통을 주고 심각하게 이혼 당할 위기에 처했던 사람이 지난주일 밤에는 온 가족으로 더불어 하나님께 나와 찬양하는 모습을 보며, 저희 교회 성도들은 하나님의 손길 아래 그렇게 조금씩 변화되고 성장해가고 있음을 새삼 발견합니다. 그런 면에서 하나님의 말씀과 더불어 칭찬과 격려는 참 좋은 밑거름이 됩니다.

장독대에 크기도 다르고 모양도 다른 항아리 속에서 저마다 된장, 고추장, 간장, 김치, 젓갈 등 담근 시기도 다르고, 맛도 다르지만 저마다 형형색색이 어우러져 시간이 지남에 따라 맛있게 익어가듯이, 사람들은 하나님의 은혜 중에 반드시 변화되기 마련입니다. 신앙적으로, 영적으로 분명히 성장할 것입니다. 단지 조금 시간이 필요할 뿐입니다. 조금 기다려 주는 것이 필요할 따름입니다.

남편과 아내, 부모와 자녀, 직장 동료들 사이에 상대방에 대한 기대의 수준을 조금만 낮추면 칭찬과 격려할 '꺼리'가 무척 많다는 것을 발견하게 될 것입니다. 문제는 그가 아니라 나에게 있습니다.

11. 다른 사람들로부터 받은 마음의 상처를 치유하려면

1. 예수님을 믿은 이후에도 마음의 상처가 남아 있을까?

나무에 못을 박은 후, 그 못을 빼내면 못으로 인한 아픔은 사라지겠지만 자국은 남아 있습니다. 상처도 마찬가지입니다. '상처(傷處)'의 사전적인 의미는 '부상을 입은 자리'입니다. 요즘은 성형 기술의 발달로 상처 부위를 축소시키기거나 눈에 띄지 않게 감추기도 합니다만, 상처 그 자체를 아주 없앨 수는 없습니다.

특별히 과거의 어떤 인간관계들과 연관되어 생긴 마음의 상처들은, 그때의 기억 자체가 계속 남아있는 한 없어지지 않습니다. 이것은 예수님을 개인의 구주로 영접하고 죄사함을 받고 거듭난 성도라 할지라도 계속 남아 있습니다.

우리가 오해하지 말아야 할 것은, 예수님을 믿는다는 것이 우리의 기억 자체를 무슨 컴퓨터 하드 디스크의 데이터들을 깨끗이 지워버리고 다시 시작하듯 하는 것이 아니라는 것입니다. 예수님을 믿는 많은 분들의 간증을 들어보면 자신이 예수님을 믿기 전에 어떻게 죄악된 삶 가운데 방황하며 살았는지를 고백하는 것만 봐도 알 수 있습니다.

마음의 상처가 치유되는 것은 예수님을 믿는 것과 아울러 성령님의 도우심으로 '그 상처를 받게 된 관계들에 대한 재해석을 통해 이루어지는 의지적인 행위' 입니다. 부족하고 죄성이 있는 인간들은 교회 안에서도 서로 상처를 주고, 상처를 받으면서 살아가고 있고, 또 그러기에 성령님의 도우심으로 상처를 치유하는 일들을 계속 하면서 살아가고 있는 것입니다. 다시 말씀드려서 평생토록 단 한 번도 상처를 안 받은 사람, 남에게 상처를 안 주며 사는 사람들은 거의 없습니다.

2. 마음의 상처, 참고 지나다 보면 세월이 약인가?

우리는 고도의 절제를 가지고 상처를 스스로 참고 삭이며 내면화(內面化)시키는 것을 믿음이 좋은 것으로 생각하기 쉽습니다. 그것은 올바른 해결책이 아닙니다. 남들 앞에서 겉으로는 웃으며 아무 문제없어 보이지만, 속으로는 분노가 부글부글 끓고 있는 사람들이 의외로 많습니다.

특히, 우리나라의 어머니 세대들은 결혼해서 귀머거리 3년, 벙어리 3년 하는 식으로 봐도 못 본 척, 들어도 못 들은 척, 하고 싶은 말도 다 하지 못하고 살도록 요구받았고, 또 그렇게 사는 것을 현모양처인 양 생각했었습니다.

그러다보니 한이 쌓이기도 하고, 울화병이 생기기도 합니다. 얼마 전 뉴스를 통해 일본에서는 '황혼 이혼' 이 많이 일어나고 있다는 것을 본 적 있습니다. 남편에게 거의 자신의 의사표현을 하지 못하고 눌려 사는 것을 미덕으로 생각하는 일본 주부들이 남편의 퇴직과 퇴직금을 받는 시기에 갑작스레 이혼을 요구하고, 위자료로 재산의 절반을 나누어 갖고 떠나는 것 말입니다. 남편의 입장에서는 어이없고 배신감을 생각할 만하겠지만, 이것은 오랫동안 속으로 곪았던 악성 종기가 터지듯 예고된 일이었던 것입니다.

우리나라의 경우에도 마찬가지입니다. 우리나라도 황혼 이혼이 점점 많아지고 있습니다. 우리의 어머니 세대들은 그렇게 수십 년 세월을 보내고, 자식들도 다 장성하여 출가한 다음에야 남편에 대한 서운함들을 넋두리처럼 쏟아내는 것을 봅니다. 저는 그 분들이 진작에 그런 마음의 상처, 서운함들을 잘 표현하고, 그때그때 잘 해결하고 살았더라면 인생의 많은 부분들을 행복하게 살 수 있으셨을 텐데 하는 안타까움을 가집니다.

목회자나 교회의 중직자들 가정도 예외는 아닙니다. 아니, 어쩌면 수면 아래 감추어져 있는 빙산의 나머지 부분들처럼 상당수의 목회자 가정이나 중직자의 가정들이 문제 속에 있을 것이라는 생각입니다(저는 개인적으로 이혼했거나 이혼 직전에 있는 어려움을 호소하는 목회자들과 교회 중직자들의 상담 전화를 여러 차례 받기도 했고, 만나보기도 했습니다).

고름이 살이 되지 않듯이, 터뜨리고 짜 내야 시원하듯이, 마음의 상처 또한 가슴에 담아두고 살면 인간을 피폐하게 만들고, 불행하게 만드는 것입니다. 마음의 상처는 참고 지낸다고 해서 결코 세월이 약 되지 않습니다!

3. 마음의 상처, 어떻게 치유되고 회복되는가?

과거의 아픈 경험들로 인한 마음의 상처와, 상처를 입힌 사람을 용서치 못함과 그에 대한 분노, 가장 소중한 사람들로부터 받은 거절감, 자신을 무가치하게 느끼는 자존감 상실과 열등의식, 왜곡된 가족관계로 인한 정서적, 신념적 왜곡 등은 내 마음속에 그대로 상처로 남아 쓴 뿌리(히 12:15) 가 됩니다.

이런 쓴 뿌리들은 우리의 잠재의식 가운데 고스란히 남아 현재의 내 삶에 악영향들을 끼치며 성령의 열매들을 자라지 못하게 막습니다. 말씀을 들어도 은혜가 안 되고, 삶의 변화도 가로 막습니다.

이런 마음의 상처는 오직 우리 주 예수 그리스도의 사랑과 은혜로만 해결함을 받을 수 있습니다. 그런데 그 과정에서 내 자신이 분명하게 의지적으로 인식해야 할 부분이 있습니다.

1. 마음의 상처를 직시하십시오

내가 지금 무엇 때문에 상처받았고, 고통스러워하고 있는지 그것을 객관적으로 생각해 보시기 바랍니다. 백지를 꺼내놓고 하나씩 하나씩 메모해보는 것이 필요할 수도 있습니다. 이 와중에 상처 되는 기억 때문에 다시금 화가 날 수도 있습니다. 내 마음에 상처를 남겨준 상대방을 향해 분노의 감정으로 욕설이 튀어나올 수도 있습니다. 그래도 하십시오. 누군가 신뢰할 만한 사람이 옆에서 들어주고, 도와줄 수도 있지만 혼자서도 상관없습니다. 분명한 것은, 내가 무엇 때문에 이렇게 힘든 것인지 그 문제를 직시해야 정확한 치유의 실마리가 풀린다는 것입니다.

2. 예수님을 깊이 묵상하십시오

예수님의 전 생애가 구원을 위한 삶이었습니다. 그리고 십자가는 우리를 구원하시는 하나님의 능력입니다. 그러나 그 구원의 능력을 위해서 예수님은 십자가에서 참혹한 고통을 당하셔야 했습니다. 십자가의 죽음은 그저 한 인간의 죽음이 아니라 참 인간의 죽음이며, 죄인의 죽음이 아니라 죄가 없으면서도 죄인을 구하기 위해 죄인을 대신하여 죽으신 의인의 죽음이기 때문입니다.

예수님의 죽음은 단순히 육체적 죽음이 아니라 영적 죽음입니다. 십자가의 죽음은 곧 하나님 아버지와의 철저한 단절이기 때문입니다. 주님은 가장 사랑하는 하나님과 단절하는 아픔을 겪으셨습니다. 십자가에서 철저한 하나님의 버리심, 외면, 침묵을 겪어야 했습니다. 우리가 겪어야 할 모든 것을 예수님께서 겪으셨습니다. 그러나 그가 고통당하시고 십자가에 죽으심으로 말미암아 우리에게는 놀라운 은혜가 임하셨습니다.

예수님이 형벌을 받음으로써 우리가 용서를 받았습니다(롬 3:25). 예수님이 온전한 희생 제물이 되어주셔서 우리 죄를 단번에 용서하셨습니다. 이제는 누구도 우리를 정죄하거나 송사할 수 없습니다. 죄책감을 버리십시오.

예수님이 채찍을 맞음으로써 우리가 나음을 입었습니다(벧전 2:24). 예수님이 죽으심으로써 우리에게 생명이 주어졌습니다. 우리의 생명은 그리스도입니다. 예수님 때문에 우리는 의인이 되었습니다. 우리는 용서 받은 정도가 아니라 새로운 피조물입니다. 죄를 용서함 받은 정도가 아니라 의인이 되었습니다. 우리는 변화(change) 되었을 뿐 아니라,

새로운 것으로 맞바꾸어(exchange)졌습니다. 당당하게 사십시오.

3. 십자가 앞에 문제를 내려놓고 용서하기로 결정하십시오

나의 죄와 허물을 덮으시기 위하여 나를 대신하여 고통당하신 예수님, 나를 구원하시기 위해 십자가에 달리신 예수님을 바라보십시오. 그리고 그 예수님을 집중적으로 묵상하며, 나를 고통스럽게 하는 내 마음의 상처를 보십시오. 그리고 주님 앞에 그 문제를 내려놓고 의지적으로 용서하기로 결정하십시오.

그냥 잊는 것은 용서가 아닙니다. 기억하지 않는 것과 잊는 것은 다릅니다. 잊는 것은 회피일 뿐입니다. 잘못을 그냥 눈감아 주거나, 잘못이 아니라고 하는 것도 용서가 아닙니다. 용서는 그것이 잘못되었다는 것을 쓰리게 인정할 때야 가능합니다. 반대로 상대의 잘못을 자신의 탓으로 돌리는 것도 용서가 아닙니다. 그것은 거짓에 근거한 자기 학대일 뿐입니다.

용서는 이해하는 것이 아닙니다. 용서는 반드시 이해하는 것을 전제로 하지 않습니다. 이해할 때까지 용서할 수 없다면 우리는 언제가지든지 용서하기가 어려울 것입니다. 용서는 이해가 되지 않아도 내 자신이 할 수 있는 것입니다.

용서는 화해하는 것이 아닙니다. 용서는 혼자서도 할 수 있습니다. 그러나 화해는 혼자서 할 수 없으며, 상대의 진실한 참여가 필요합니다. 화해를 하려면 언제나 용서가 선행되어야 하지만, 용서했다고 해서 반드시 화해해야 하는 것은 아닙니다. 화해는 쌍방적인 것이기 때문에 상대가 변하지 않고 용서를 진심으로 받아들이지 않는다면 화해는 불가능합니다. 그러므로 화해는 하지 않더라도 용서는 할 수 있습니다. 용서한 후 화해로 나아갈 수 있습니다.

용서는 쉽게 되는 것이 아닙니다. 용서의 속도는 받은 상처의 깊이와 심각성에 따라 좌우됩니다. 쉽게 되지 않는다고 해서 이상해 할 필요가 없습니다. 용서는 단번에 되는 것만은 아닙니다. 용서는 지속해서 반복해야 하는 과정입니다. 일흔 번에 일곱 번을 해야 할 수 있습니다.

용서는 상대가 잘못을 뉘우칠 때 하는 것이 아닙니다. 용서는 기본적으로 자신을 위해서 하는 것입니다. 가해자의 태도에 따라 용서가 좌우된다면 피해자는 두 번 피해를 당하는 것입니다. 상대의 반응과 상관없이 자신을 위해서 미움과 분노의 쇠사슬을 끊는 것이 용서입니다. 상대의 반응과 상관없이 하나님 앞에서 순종하는 것이 용서입니다. 심지어는 상대가 이 세상에 없어도 할 수 있는 것이 용서입니다.

용서는 상대를 좋아하게 되는 것이 아닙니다. 용서를 해도 상대가 미워지는 마음이 일어날 수 있습니다. 용서를 해도 여전히 이전의 감정이 올라올 수 있습니다. 그러나 용서하기 전에는 그 감정에 묶여 있었지만, 용서하고 나면 그 감정을 바르게 처리할 수 있는 능력이 생기게 됩니다.

용서는 감정이 아닙니다. 용서할 마음이 생긴 다음에 용서하는 것이 아닙니다. 용서는 상대와 상관없이 내가 하는 것입니다. 용서는 선택입니다. 용서는 의지적인 선택입니다.

용서는 용서하지 않음을 통해 존재했던 묶임을 내가 푸는 것입니다. 용서는 '풀어 주다', '놓아 주다', '내쫓다', '던져 버리다' 라는 뜻을 가졌습니다. 용서는 용서하지 않음을 통해 자기를 괴롭혔던 것을 그만두는 것입니다.

용서는 자신을 용서한 하나님의 사랑에 근거하여 하나님의 명령에 순종하는 것입니다. 상처 입힌 자를 심판하고 보복할 권리를 하나님께 넘기고, 죄는 판단하되 사람은 판단하지 않고 하나님께 처리를 맡기는 것이 용서입니다. 용서는 그의 죄는 인정하지 않지만, 그는 용납하는 것입니다. 그를 받아들이는 것입니다.

4. 이렇게 기도하십시오.

"하나님 아버지, 저는 (　　)가 제게 〈　　〉한 일을 용서합니다. 이제 내 마음 속에 남아 있는 모든 기억과 이미지와 말과 감정들은 예수 그리스도의 보혈의 피로 깨끗이 씻어 주시옵소서. 그리고 이제는 매일 새로운 은혜로 채워 주셔서 주님을 더욱 친밀하게 만나게 하시고, 성령 충만케 하시어 날마다 승리케 하여 주옵소서. 예수 그리스도의 이름으로 기도합니다. 아멘."

4. 마음의 상처를 줄이기 위하여

날마다 하나님을 누리시기 바랍니다. 말씀을 묵상하며, 기도하는 시간을 규칙적으로 가지시기 바랍니다. 그리고 그리스도께서 나의 삶의 전 영역을 다스리시도록 결단하고, 순종하시기 바랍니다.

어떤 일들을 객관적으로 떼어놓고 바라보는 노력을 의식적으로 하시고, 차분하고 분명하게 자신의 감정에 대한 의사표현을 하는 훈련도 해보시기 바랍니다. 마음의 상처들 상당수는 충분한 의사소통이 이루어지지 않아 오해와 비약들이 난무해서 생기기 때문입니다.

12. 교회 안에서의 갈등, 어떻게 풀어야 하나

36수일 후에 바울이 바나바더러 말하되 우리가 주의 말씀을 전한 각 성으로 다시 가서 형제들이 어떠한가 방문하자 하니 37바나바는 마가라 하는 요한도 데리고 가고자 하나 38바울은 밤빌리아에서 자기들을 떠나 한가지로 일하러 가지 아니한 자를 데리고 가는 것이 옳지 않다 하여 39서로 심히 다투어 피차 갈라 서니 바나바는 마가를 데리고 배 타고 구브로로 가고 40바울은 실라를 택한 후에 형제들에게 주의 은혜에 부탁함을 받고 떠나 41수리아와 길리기아로 다녀가며 교회들을 굳게 하니라 (행 15:36-41)

이 본문은 눈을 씻고 다시 읽어볼 정도로 적나라한 본문입니다. 그렇게 성령 충만하고 은혜로운 명콤비였던 바울과 바나바가 서로 심히 다투어 피차 갈라섰다고 기록하고 있기 때문입니다. 성경은 특정한 사람을 영웅으로 만들기 위해 없는 것을 있는 것처럼 거짓 기록하거나 미화시키지 않습니다. 오히려 하나님 앞에서 인간이란 존재가 얼마나 연약하고 부족한 존재인지를 밝혀주곤 합니다.

예컨대, 믿음의 조상이라는 아브라함도 자기 목숨을 보전하고자 자기 아내를 누이동생으로 속이는 비열한 모습이나, 하나님의 마음에 합하였다는 다윗도 자기의 충성스러운 신하의 처를 범하고, 그것도 모자라 그를 살해하는 모습을 보여줍니다. 예수님의 수제자라는 베드로는 또 어떠합니까? '주는 그리스도시오 살아계신 하나님의 아들이시라' 는 너무나도 멋진 고백으로 인해 교회의 반석이 되었지만, 곧 이어 그는 '사탄아 물러가라 너는 나를 넘어지게 하는 자로다' 하는 책망을 듣습니다.

본문에 기록된 바울과 바나바도 그렇습니다. 이들은 초대 교회의 매우 중요한 인물들입니다. 그런데 이들이 갈등하고 다투고 있습니다. 그리고 한 걸음 더 나아가 서로 두 번 다시 안 볼 사람인양 갈라서고 있습니다. 이 모습은 우리에게도 마찬가지로 얼마든지 빚어질 수 있는 문제입니다. 성도 간의 갈등, 교회 공동체 안에서의 갈등은 해결될 수 없는 것일까요?

■ 갈등의 원인

1. 의견의 다름 때문에

바울은 제2차 전도여행을 계획하고 바나바에게 함께 갈 것을 제안합니다. 그러자 바나바는 흔쾌히 동의를 합니다. 그리고 함께 갈 멤버를 구성하는데 있어 마가라고 하는 요한도 데리고 가자고 합니다. 이

때 바울은 마가 요한을 데리고 가는 일에 대해서 난색을 표하며 반대합니다.

마가, 그는 누구입니까? 그는 제1차 전도여행을 하던 중 밤빌리아에서 중도에 제멋대로 되돌아가버린 사람이 아니었던가! 사도 바울은 그런 마가 때문에 무척 마음이 상했던 기억을 떠올리며 이번에는 그를 데려가지 않겠다고 합니다.

바나바는 자신의 견해를 굽히지 않고 마가를 데려가야 한다고 주장합니다. 결국 두 사람은 이 문제로 언쟁을 하게 되었고, 마침내 바나바도 마음이 상하게 됩니다. 만일 마가 요한을 데려가자는 바나바의 제안에 바울이 그렇게 하는 것이 좋겠다고 맞장구를 쳤다면 적어도 이 문제를 가지고 갈등은 생기지 않았을 것입니다. 그러나 현실은 그렇지 못했습니다. 결국 그들은 갈등과 다툼 속에 피차 갈라서게 된 것입니다.

2. 양보하지 않음 때문에

마가를 데리고 가자고 했던 바나바가 바울의 반대에 부딪혔을 때, 그러면 이번에는 그렇게 하자고 양보를 했거나, 역시 마찬가지로 바울이 바나바의 의견에 자신이 좀 못마땅하더라도 마가를 데려가는 것으로 양보를 했더라면 갈등이 심해져 피차 갈라설 정도까지는 가지 않았을지 모릅니다. 우리는 여기서 아무리 성령이 충만하고 기도를 많이 한 사람이라 할지라도 서로 양보하지 않으면 갈등은 해결되지 않는다는 교훈을 발견합니다.

■ 갈등의 해결

그렇다면 이 갈등을 해결할 수 있는 방법은 없는 것일까요? 나와 상대방이 의견이 다를 때 갈등을 피하고자 무조건 양보하고, 무조건 지고 상대방의 의견을 따라야 한다는 말일까요? '예수님도 그렇게 하셨으니까' 하면서 억울하더라도 무조건 내가 지고 참아야 하는 것일까요?

이것은 올바른 해결책이 아닙니다. 대개 지나치게 권위주의적인 가장이나 직장 상사들 앞에서 이렇게 갈등 회피 구조가 생기는데, 이런 식으로 반복하거나 습관적으로 피하다 보면 표면적으로는 갈등이 봉합되는 것처럼 보일지는 모르지만 그 이면에는 억울함이 생기거나 분노가 쌓이게 됩니다. 그리고 '똥이 무서워서 피하냐? 더러워서 피하지' 하면서 관계는 깨져버리고, 마음은 닫혀 버리고 맙니다.

1. 개인보다는 하나님을 먼저 생각해야

바나바는 제2차 전도여행에서 바울의 반대를 무릅쓰고 마가 요한을 데리고 가고자 했습니다. 사도행전에 기록된 바나바는 썩 괜찮은 사람입니다.

구브로에서 난 레위족인이 있으니 이름은 요셉이라 사도들이 일컬어 바나바(번역하면 권위자: 위로의 아들)라 하니 (행 4:36)

바나바는 착한 사람이요 성령과 믿음이 충만한 자라 이에 큰 무리가 주께 더하더라 (행 11:24)

26사울이 예루살렘에 가서 제자들을 사귀고자 하나 다 두려워하여 그의 제자 됨을 믿지 아니하니 27바나바가 데리고 사도들에게 가서 그가 길에서 어떻게 주를 본 것과 주께서 그에게 말씀하신 일과 다메섹에서 그가 어떻게 예수의 이름으로 담대히 말하던 것을 말하니라 (행 9:26-27)

　　바나바는 위로의 아들이라는 별명을 가졌을 정도로 성품이 매우 부드럽고 따뜻한 사람입니다. 일보다는 사람을 더 소중히 여기는 사람입니다. 그래서 그는 많은 사람들의 마음을 어루만지고 위로하고 격려하는 상담자였습니다. 뿐만 아니라 그는 착한 사람이기도 하고, 성령과 믿음이 충만한 사람이었습니다. 성경은 바나바로 인해 새 신자들이 교회에 잘 정착하므로 교인들이 많아졌다고 밝히고 있습니다. 모두들 경계하고 가까이 하지 않았던 사울을 위해 바나바는 일부러 나서서 그의 신원보증을 하며 예루살렘 교회에 소개했으며, 안디옥교회로 이끌어 함께 사역할 수 있도록 했던 사람입니다.

　　그런 그가 지금 바울과 마가 요한을 데려가는 문제를 놓고는 갈등하고 다투고 갈라서고 있습니다. 무엇 때문일까요? 바나바는 마가가 한 번 실수했기로서니 딱 잘라버리는 바울이 너무 매정하다고 생각한 것입니다. 게다가 마가 요한은 바나바에게는 특별한 사람이었습니다. 마가는 자신의 조카였던 것입니다(골 4:10). 전혀 피 한 방울도 섞이지 않은 남들도 배려하고 돌보던 바나바의 따뜻한 성품이고 보면, 자신의 조카를 향하여 마음이 쓰이는 것은 매우 당연했을 것입니다.

　　그런데 바울이 단호하게 반대를 하는 것입니다. 바나바는 여기서 개인적으로 속이 상하고 자존심도 상했던 것입니다. 바울이 누구입니까? 자신이 이끌어준 사람 아닌가요. 그런데도 내 부탁을 거절하다니… 이것이 서운하고 괘씸했던 것입니다.

그런데 여기서 바울이 지금 말하고 있는 마가를 데려가지 않겠다는 이유는 무엇입니까?

38바울은 밤빌리아에서 자기들을 떠나 한가지로 일하러 가지 아니한 자를 데리고 가는 것이 옳지 않다 하여

바울이 볼 때 마가는 '한가지로 일하러 가지 아니한 자' 인 것입니다. 지금 계획하고 있는 것은 단순한 관광여행이 아니고, 전도했던 교회들을 점검하여 돌아보고 그들의 신앙적인 돌봄을 위한 것입니다. 여기에 마가는 하나님의 사역자로 적합하지 않다는 것입니다. 그저 인정에 끌릴 일이 아니라는 것입니다. 여기서 우리는 인정과 하나님의 소명 사이에서 언제나 갈등이 있는 것을 발견할 수 있습니다.

정말 우리가 그리스도를 믿는 신자라면, 하나님께서 각 사람에게 주신 신앙 양심이라는 것을 가지고 있게 됩니다. 갈등의 해결은 하나님이 주신 그 신앙의 양심으로 지금 이 갈등을 하고 있는 내 자신이 개인의 사사로운 감정인지 하나님의 뜻인지를 정직하게 잘 살펴서 고통스럽더라도, 힘들더라도 피차간에 하나님 편에 서는 결단을 하면 되는 것입니다.

2. 개인의 소견보다는 공동체 전체를 보는 안목을 가져야
바나바는 참 좋은 사람입니다. 나는 이런 성도들이 우리 교회 안

에 많아졌으면 좋겠다는 생각을 해봅니다. 그런데 본문에서는 바나바의 실수가 눈에 띕니다. 그것은 사람이 너무 좋은 것은 알겠는데, 전체를 볼 줄 아는 안목이 좀 부족하다는 것입니다.

생각해 보십시오. 이 선교 여행은 누가 제안한 것입니까? 기름 부으심이 누구에게 있습니까? 하나님께서는 이 선교 여행을 할 수 있도록 누구를 도전하셨고 감동하셨습니까? 바울입니다. 그렇다고 한다면 함께 가는 사람은 바울을 존중하고 잘 따라야 하는 것입니다. 그런데 바나바는 지나치게 주장합니다. 그러다가 결국 깨버리고 자신의 선택을 따라 배를 타고 구브로로 가버립니다. 어쩌면 그는 아직도 바울보다는 어른이라고 스스로 생각하고 있었는지도 모릅니다.

성경은 이 날 이후 바나바의 나머지 인생, 나머지 행적에 대해서 더이상 기록하지 않고 있습니다. 바나바는 그렇게 역사의 뒤안길로 사라져 가버립니다.

바나바의 떠나는 모습과 바울의 떠나는 모습을 한 번 비교해 보십시오.

39그래서 심한 말다툼 끝에 서로 갈라져 바나바는 마가와 함께 배를 타고 키프러스로 건너가고 40바울은 따로 실라를 택하여 신자들의 축복을 받고 안디옥을 떠나 41시리아와 길리기아를 거쳐 가면서 여러 교회를 격려하였다. (현대인의 성경) (행 15:39-41)

어떤 차이가 있습니까? 성경은 바나바는 홧김에 그냥 떠나버린 것으로 기록하고 있고, 바울은 교회 공동체로부터 축복을 받고 주님께서 주신 분명한 비전을 품고 수리아와 길리기아로 다녀가며 교회들을 격려했다고 기록하고 있는 것입니다.

우리는 얼마나 자주 나도 모르는 사이에 바나바가 행한 실수를 반복하는지 모릅니다. 내가 속한 부서만 열심이고 나머지 다른 부서들, 교회 공동체 전체를 볼 줄 아는 안목을 놓칠 때가 많다는 것입니다. 각 부처 이기주의는 세상 사람들뿐 아니라 교회에서도 얼마든지 찾아볼 수 있습니다.

바나바는 좋은 사람이었습니다. 그러나 그는 공동체를 생각하는 면이 약했기에 성경 기자는, 성령께서는 이방 땅에도 복음이 전파되며 교회들이 계속 세워지는 이 영광된 복음의 진군 역사에 바나바의 역할은 거기까지였음을 의도적으로 밝히며 바나바를 빼버리고 있습니다.

갈등(葛藤)은 그 단어 자체가 '칡 갈(葛)' '등나무 등(藤)'으로 칡넝쿨과 등나무넝쿨이 보기에도 어지러울 정도로 얽혀 있는 형상입니다. 이미 글을 시작하며 언급했듯이 성령이 충만한 사람들도, 성경을 많이 읽은 사람들도, 기도를 많이 한 사람들도 이런 갈등의 순간은 언제나 찾아옵니다. 이 점은 노회와 같이 목사들끼리 모인 자리에서도 예외가 아니고, 장로나 권사, 집사 등 교회의 중직자들도 예외가 아닙니다. 갈등은 언제나 있습니다. 이럴 때, 이 갈등을 어떻게 해결하는가 하는 것은 개인뿐 아니라 공동체가 한 걸음 도약하고 성숙하는 위대한 전환점이 될 것입니다.

13. 교회를 옮기는 일에 대하여

　교회의 연말은 우리가 사는 세상보다 한 달은 빨리 오는 것 같습니다. 그도 그럴 것이 교회의 각 기관마다 결산을 11월 말로 마감하고, 12월에는 총회를 하여 새로운 임원을 뽑습니다. 한 해 동안의 살림을 결산하고 새해 예산을 수립하는 공동의회도 12월에 합니다.

　그러니까 12월은 새해를 바라보며 목회 계획도 새로 짰고, 이에 따른 예산도 수립하였으며, 교회의 직분자들도 세웠습니다. 부교역자들은 대개 11월 마지막 주일을 기점으로 교회의 사역을 마무리하고 떠나기도 하고, 부임해 오기도 합니다. 교회가 맞이하는 12월은 그런 의미에서 시작의 달이 되는 것입니다.

　그런데 부교역자뿐 아니라 직분자들 중에서도 이렇게 한 회기를 정리하는 시점에 맞춰 직분을 이제는 그만 감당하고 싶다고 표현하는 분들도 있고, 새해부터는 교회를 옮기겠노라고 말씀하는 분들도 있습니다.

저는 이제 교역자가 아닌, 직분자를 포함한 일반 성도들의 교회 옮기는 문제를 잠시 말씀을 드리도록 하겠습니다.

1. 목회자께- 축복하십시오, 그리고 보내주십시오!

그 영혼을 위해 기도하며 지금까지 신앙적인 지도를 해온 담임목회자라면 당연히 먼저 이 분이 교회를 왜 옮기려 하는지를 들어 보시겠지요. 이때 교회를 옮기고자 하는 성도가 이 교회를 떠나 예수를 믿지 않고 불신자가 되어 버리려 하거나, 개종을 하여 타종교로 가려고 하는 이유가 아니라면 여전히 예수를 믿을 것이며, 더욱 기쁘게 신앙생활을 하기 위해서라고 한다면 진심으로 축복하며 보내드리도록 하십시오.

그 성도를 붙잡는 이유, 아니 붙잡으려는 이유가 무엇입니까? 일반 성도가 담임목회자에게 교회를 옮기겠노라고 말씀을 드릴 때는 그동안 이렇게도 생각해보고, 저렇게도 생각해보고 숱한 고민이 있었을 것입니다. 이런 사람을 설득해서 붙들어 놓으면, 늘 어떤 일이 있을 때마다 타의에 의해 교회를 옮기지 못했음에 대한 미련이 있기 마련입니다.

우리 교회만이 최고이며, 최선이라는 생각은 아집입니다. 저 역시 10년이 넘도록 개척 목회를 해오다 보니 하나님의 교회는 하나님이 세워 가신다는 것을 발견합니다. 교인 수가 얼마 되지 않는 작은 교회 입장에서는 교인 한 명이 가족이기도 하고, 헌금을 하므로 재정적인 힘이기도 합니다. 그 사람을 붙잡으려 하는 이유가 다만 교회의 재정적인 어려움 때문이 아니기를 바랍니다.

몇 년 동안을 애지중지하며 기대감을 가지고 말씀으로 꼴을 먹이고 신앙지도를 했던 일꾼들이, 정말 믿었던 일꾼들이 떠난다고 할 때 담임목회자 입장에서는 낙심도 되고, 실망감이나 배신감도 찾아올 것입니다. 그러나 이 때 담대하십시오. 사람 의지하지 마시고, 참 목자장 되시는 우리 주님을 바라보시기 바랍니다.

목회자가 하나님 앞에서 중심이 바르고, 하나님께서 기뻐하시는 쪽에 서 있다면 한 사람이 나가면 열 사람을, 아니 수십 명을 대신 보내주시는 하나님의 기적을 보게 될 것입니다. 때때로 목회자가 사람을 의지하거나, 사람의 호주머니를 의지하면 하나님께서는 사람들을 의지하기보다는 하나님만을 의지하도록 하시기 위해서 특정인들을 물갈이하시기도 합니다. 사람이 떠난다는 현상만을 보지 말고, 더욱 하나님을 바라보시기 바랍니다.

물론 떠남의 이유가 목회자인 나의 삶이나, 나의 설교나, 나의 목회가 성도들에게 감동을 주지 못하여 성도들이 영적 메마름을 견디다 못하고 새로운 꼴을 먹기 위해 가출하는 것이라고 하면, 이것은 성도의 잘못이라기보다는 내가 원인 제공을 한 것이므로 철저하게 목회자 자신이 가슴을 두드리며 무릎을 꿇고 회개하며, 말씀준비와 기도생활, 성도들을 돌아보는 목회 본질에 다시 회복하며 영적 부흥을 간구해야 할 것입니다.

2. 옮기는 분께— 옮기십시오, 그러나 하나님께 여쭤보십시오!

교회를 옮기고자 하는 이유가 신앙 양심에 합당하지 않다면, 하나님께서 기뻐하시지 않으신다면 그것은 누구에게 물어보기 전에 먼저 자기 자신이 가장 잘 알게 될 것입니다. 내 안에 계신 성령께서 말씀하시기 때문입니다.

교회의 누구와 다투어서, 누구 때문에 마음이 상해서, 누가 꼴 보기 싫어서 등 상처 입은 관계로 옮기는 것은 하나님이 기뻐하시지 않습니다. 그런다고 해결되지 않습니다. 다른 교회에 가도 머지않아 마찬가지 일이 벌어질 것입니다. 이것은 내 한 몸 떠남으로 해결되는 것이 아니라 교회 공동체 안에서 내 한 몸 낮아지고, 죽어지고, 먼저 깨어짐으로 되는 일입니다.

교회의 여러 직분 감당이 버거워서 나를 모르는 새로운 곳으로 옮겨 직분을 맡지 않기 위해서 옮기는 것이라면 그것도 하나님 앞에서 합당치 않은 일입니다. 차라리 목사님께 정직하게 자신의 버거움을 말씀드리고 직분을 그만 맡는 것이 낫습니다. 반대로 이 교회에서는 내게 직분을 주지 않는 것이 나를 인정해주지 않는 것으로 생각되고, 서운하여 옮기고자 하는 것도 떠남의 이유로는 너무 유치합니다. 신앙의 이유가 마치 첫 단추를 잘못 끼운 것처럼 비본질적인데 두었기 때문입니다.

3. 잘 보내주시고, 잘 가도록 하십시오.

저도 개척 목회를 하다 보니 10년 세월을 지나오는 동안 여러 사람들이 오기도 하고, 가기도 하는 것을 보았습니다. 어떤 사람들은 몇 년이 지나도 마치 친정집에 오듯이 가까이 지날 때 교회에 들러 반가운 해후를 하는 사람이 있는가 하면, 갑자기 실종된 사람처럼 어느 날 갑자기 교회에 나오지도 않고 사라져 버려 어디에서 무엇을 하고 사는지조차 모르는 사람도 있습니다.

우리 교회를 떠나 다른 교회로 옮겨가는 것이 나쁜 행위가 아닌 바에야 축복하고 잘 가도록 해주는 것이 마땅하고, 또한 옳은 일이 아니겠습니까? 저희 교회의 경우, 이제는 이사나 이런저런 사연으로 교회를 옮겨야 하는 경우에는 마지막 예배를 드리고 가도록 합니다. 그때 담임목사인 저는 축복하며, 교회의 순장들은 그 사람에게 꽃다발이라도 준비하고, 온 성도들은 축복송을 부르며 보냅니다. 떠나는 사람이 감동과 눈물을 흘리며 떠납니다. 이렇게 하니까 옮겨간 성도들이 어디에 있든지 소식이 끊어지지 않으며, 신앙적인 유대가 계속됩니다.

혹시 저희 교회가 사람이 많아 몇 사람쯤 떠나는 것은 일도 아니니까 그런 것이라고 생각하는 분이 계실지 모르겠습니다만, 저희 교회는 어느 상가 지하에 80여 명 모이는 작은 교회입니다. 한 사람, 한 사람마다 담임목사의 눈물과 기도의 흔적이 없는 사람이 없습니다. 모두 다 가족 같은 사람들입니다. 누구도 떠났으면 하고 바라는 사람이 없습니다. 그래도 사람이 살다보니 떠나기도 하고, 새로운 사람이 오기도 합니다.

잘 떠나고, 잘 보내며, 또한 잘 맞이하는 것! 그것이 하나님의 교회이며, 외람되지만 그것이 목회라는 생각입니다.

14. 교회를 옮겨 오시는(옮겨 가시는) 분들에게

1. 반갑기도 하고 착잡한 목사의 마음

지난주일, 예배를 인도하기 위해 강단에 올라 둘러보니 작은 예배당이 가득하도록 성도들이 앉아 있었습니다. 하나님께 감사를 드리면서 개척 교회 목사들의 본능처럼 속으로 성도들의 숫자를 헤아려 봅니다. 5, 10, 15 … 70, 80 … 앉아 있는 성도들은 80명이 넘어갑니다. 사정이 있어서 참석하지 못한 성도들이 10여 명이 있는 것을 보면, 저희 교회 식구들은 지난해 말에 이어 두 달 사이에 20여 명이 늘어난 셈입니다. 요즘 같이 개척 목회가 어렵다는 때에 작은 교회, 그것도 지하실 교회에 찾아든 성도들…

교회 현관 입구에 서서 안내하는 K순장님은 사람들이 한 사람씩 들어올 때마다 빈자리를 채워 앉게 하느라 앞자리로 안내를 하면서 얼굴에 웃음이 가득합니다. 새로운 사람들이 교회를 찾아온다는 것은 한 영혼으로 인해 하늘에서도 잔치가 열린다는 말씀처럼, 하나님께서도 기뻐하실 뿐 아니라 목사인 저를 비롯해서 기존의 교회 식구들에게도 정말 반갑고 기쁜 일입니다.

그런데 이상하게도 제 마음에는 반가움과 기쁨과 아울러 착잡한 마음도 한 쪽에서 피어오르는 것입니다. 그 이유는 새롭게 늘어난 20여 명의 새 가족들 모두가 전혀 예수님을 몰랐다가 전도를 받아 회심하고 돌아온 초신자들이 아니고, 집을 이사 오게 되면서 먼저 다니던 교회가 멀어져서 가까운 교회를 찾아온 사람, 홈페이지나 전도지를 보고 이 교회는 나하고 맞겠다 생각이 되어서 온 사람, 제가 인터넷사이트 상에 쓴 글과 책을 보고 마음에 공감이 되어서 일부러 찾아온 사람, 교회를 쉬고 있다가 자녀들이 한가족교회에 다니는 계기로 마음이 열려서 새해부터 결심하고 교회를 나오게 된 사람 등 이런저런 이유로 교회를 옮겨온 '기존 신자'였기 때문입니다.

찾아온 기존 신자를 보는 작은 교회 담임목사의 심정은 참으로 복잡합니다. 먼저, 교회를 옮기기가 쉽지 않았을 텐데, 오죽 힘들었으면 여기까지 왔을까 하는 목자 없는 양을 대하여 민망히 여기던 예수님의 마음처럼 그들을 볼 때 안타깝고 짠한 마음이 있습니다.

그러나 또 한편으로는 비교적 가까운 곳에서 옮겨온 분들을 보면서 저들은 무슨 사연으로 교회를 옮겨 왔을까? 전에 다니던 교회에서 저들은 어떻게 신앙생활을 했을까? 전에 다니던 교회의 목사님과 또 다른 교회 식구들과는 어떻게 관계를 맺으며 지냈을까? 혹시 우리 교회도 자기들의 어떤 필요를 충족하고자 온 것은 아닐까 하는 의구심이 드는 것입니다.

여기서는 교회를 옮겨오는 분들에 대한 의구심에 비중을 두어 말씀을 드리고자 합니다.

그동안 교회를 개척한 이후 10년 정도 섬겨오다 보니 교회에서 문제를 일으켰던 사람들은 초신자들이 아니고 거의 대부분 다른 교회에서 온 분들이었던 경험이 있습니다. 오히려 초신자는 마치 흰 도화지와 같이 신앙적인 지도를 받은 대로 잘 순종하려는 순수함이 있습니다. 그러나 교회를 옮겨 오신 분들 중 과거에 좀 큰 교회에 다녔다는 분들, 직분이 있다는 분들 가운데서도 적극적인 분들은 아예 처음부터 작은 개척 교회를 '불쌍하게' 생각해서 '도와주려' 하고, '바로잡아주려' 하고, '봉사해 주려' 하는 마음이 있는 것을 보았습니다. 그래서 그 의도를 감사하게 받아들이지 않으면 서운해 하고 떠나기도 합니다.

그러나 반대로 소극적인 분들은 무슨 상처가 그리도 많은지 교회에 와서는 아예 처음부터 '나는 이 교회에서는 아무하고도 상대하지 않겠다' 는 식으로 마음을 꽁꽁 닫아걸고 철옹성을 쌓기도 합니다. 친밀감과 오픈된 분위기의 한가족교회에서는 그야말로 얼음 한 덩어리를 옆에 둔 것처럼 분위기가 썰렁해지고 냉기가 흐르도록 만듭니다.

2. 등록은 신중하고 지혜롭게 하라!

적극적이든, 소극적이든 교회를 옮겨 오신 분들에게는 지혜로운 처신이 필요하다는 생각입니다. 어느 교회이든 교회마다 하나님께서 주신 독특한 색깔들이 있기 마련입니다. 교회의 분위기도 다릅니다. 지향하는 교회의 꿈과 비전도 그 교회를 담임하는 목사님과 성도들에 따라서 다양합니다. 목사님의 설교도 조금씩 특색이 있기 마련입니다.

그러므로 교회를 옮길 마음이 있는 분들은 그 교회에 섣불리 등록을 하기보다는 목사님의 말씀을 들어보고, 교회 분위기나 이 교회에서 함께 꿈꾸고 나가고자 하는 방향을 살피고 하나님의 인도를 기도하며 신중하게 결정할 필요가 있습니다. 부부일 경우에는 함께 의논하고 결정해야 합니다. 그리고 그렇게 합의 하에 교회를 결정하였으면 마지막으로 담임목사와 차 한 잔을 나눌 수 있는 시간을 갖도록 합니다. 작은 교회의 경우, 주일 예배 후 교인들이 교회에서 점심식사를 하게 되는데, 이 때 자연스럽게 담임목사와 차 한 잔을 나눌 수 있는 시간을 가질 수도 있을 것입니다. 이때는 주로 담임목사로부터 교회의 비전이나 목회 철학에 관해서 말씀하시도록 질문을 드릴 수 있을 것입니다. 그렇게 해서 마음이 확정되면 교회에 등록을 하고 편안한 시간을 택하여 지체 없이 심방을 받도록 합니다.

심방은 목회자를 대접하기 위한 접대성 심방보다는 교회를 등록한 후 신앙적 지도를 받기 위한 심방이므로, 심방 대원들을 많이 동반하기보다는 담임목사 내외분, 또는 부교역자 정도로 모시고 나의 가정을 찾아오신 담임목사에게 진솔하게 이 교회를 오게 된 계기, 이전 교회에서의 신앙생활 모습(다른 사람이나 이전 교회에 대한 험담보다는 자신의 이야기를 중심으로), 그리고 새로이 등록한 교회에서 자신의 기대감들을 말씀드려야 합니다. 그리고 담임목사로부터 이에 대한 말씀과 비전도 들어야 합니다.

그렇게 등록한 후에는 충실하게 교회 출석에 힘쓰고, 교회의 각종 양육 프로그램에 적극적으로 참석하기 바랍니다. 이전 교회에서 받은 직분에 대해서는 장로, 권사, 안수 집사를 제외하고 서리 집사의 경우는 임기가 1년입니다. 그러므로 직분에 집착하지 말고 새로운 교회에서 잘 적응하면서 하나님께서 다시 기회를 주시면 감사히 받으면 되고, 설령 직분을 안 주셔도 주님을 향한 한결같은 믿음과 충성됨은 변하지 않도록 합니다. 대개의 교회는 이런 양육 프로그램을 마쳐야 직분자로 섬길 수 있도록 하는 경우가 있습니다.

3. 이전 교회는 미련 없이 잊어라!

이전 교회에 대해서는 모든 미련을 내려놓아야 합니다. 어떤 분들은 교회를 옮기고 나서 전에 다니던 교회에 대한 미련을 버리지 못합니다. 그러다 보니 마음속에는 이전 교회와 지금 출석하는 교회를 자기도 모르는 사이에 늘 비교를 하게 됩니다. 그런데 현실은 이전 교회로 다시 돌아갈 수는 없습니다. 이러는 사이에 옮겨간 교회에서 제대로 적응도 못하고, 그러니 소속감도 안 생기고 방황하다가 또 다시 다른 교회로 옮겨가는 경우들이 있습니다. 결국 자신도 모르게 원치 않는 떠돌이 신자, 구경꾼 신자로 전락되어 버리는 것이지요.

그러므로 이전 교회에 대해서는 과감하게 잊도록 해야 합니다. 심지어 가능하면 새로운 교회에서 완전히 정착하기 전까지는 이전 교회의 교인들과 전화하며 어울리는 일도 삼가야 합니다. 그 이유는 앞서 말씀드린 대로 연약한 인간인지라 마음속에 끊임없이 양쪽 교회를 비교하며 자신이 시험 들거나, 남을 시험 들게 만들 가능성이 있기 때문입니다.

그렇게 완전히 정착한 다음에는 이전 교회의 사람들과도 자연스럽게 대할 수 있을 것입니다

4. 새 교회가 내 교회임을 담대히 선포하라!

"너희 말이 내 귀에 들린 대로 내가 너희에게 행하리니" (민 14:28)

말은 생각과 행동을 결정합니다. 그러므로 새로운 교회에서 속히 적응하고 정착하는 방법은 이 교회가 내 교회임을 선언하고, 구역 예배 등에도 적극적으로 참여함으로써 새로운 교회의 성도들과 친밀감을 갖는 것입니다. 이것이 교회를 옮기는 와중에 게을러지거나 교회 옮기는 것을 구실로 신앙적 도피를 하거나 방황치 않도록 하는 가이드라인이 되는 것입니다.

5. 다시 착잡한 목회자의 마음

저는 한 성도 가정이 교회를 옮겨 다니기보다는 한 교회를 정하여 한평생 함께 하며, 이곳에서 자녀를 기르며, 이곳에서 하나님의 복을 받으며 사는 것을 가장 복된 일이라고 믿는 목사입니다. 현대의 복잡 다양한 삶의 모습들 속에 교회를 쉽게 옮겨 다니는 풍토, 그리고 교회도 서로 경쟁하며 방법이야 어찌 되었든, 심지어 훔쳐와서라도 내 집 채우고 숫자 불리기에 급급하며, 목회 윤리도 찾아보기 어려운 오늘의 목회 풍토를 볼 때마다 회의감과 가슴 아픔이 있는 사람입니다.

교회를 옮겨 다니는 것도 습관이 될 수 있습니다. 그러므로 정말 하나님께 많이 기도하고, 가능하면 옮기지 않는 쪽으로 달리 생각해 보고, 그래도 옮겨야겠다면 평생 한 번이나 할 일일까, 또 다시 이런 일이 생기지 않도록 신중에 신중을 기할 일이라는 생각입니다.

15. 옮길 교회를 추천해 달라는 분들에게

1. 교회를 옮기게 된 내 여동생의 경우

하나뿐인 제 여동생이 지방으로 이사를 가게 되었습니다. 다른 것은 여동생 부부가 한두 살 먹은 어린애들도 아닌 이상 알아서 할 테니 그리 신경이 쓰이지 않았는데, 교회를 정하는 것이 가장 신경이 쓰였습니다.

오빠이자 목사이기도 한 제가 볼 때 동생은 평소 신앙생활보다는 자신의 개인생활에 좀 더 관심이 있는 터여서 저들을 영적으로 잘 붙들어줄 교회를 만나지 않으면 자칫 게을러지지 않을까 하는 노파심이 있었기 때문입니다.

그래서 여기저기 수소문해서 좀 믿고 맡길 만한 교회를 소개해 주었습니다. 기대대로 여동생 부부는 은혜도 받고, 열심히 봉사생활도 하게 되었습니다. 여동생 부부는 교회를 잘 옮겨서 건강하게 신앙생활을 계속할 수 있게 되었습니다.

2. 교회를 옮기는 사람들

목회를 하다 보니 교인들이 교회를 옮겨 오기도 하고, 또 옮겨 가는 일들이 생기기도 합니다. 교회 옮김의 가장 큰 이유는 직장을 따라 거주지가 옮겨진 경우입니다. 대개는 스스로 집 가까운 교회를 몇 군데 다녀보면서 목사님의 설교 말씀을 들어보고, 교회 분위기도 살펴보면서 정하게 됩니다. 이런 경우는 본인 스스로 만족하였든지, 아니면 그래도 무난하다는 생각에 선택했으므로 별 문제 없이 정착을 할 수 있게 되는 일반적인 경우라 하겠습니다.

그러나 직장 관계도 아니고, 거주지의 이전 문제도 아닌 이유로 교회를 옮기게 되는 경우, 그러니까 기존에 다니던 교회에서 목회자나 교인들과의 관계의 상처로 인해서 교회를 옮기게 되는 경우나, 지금까지 출석해오던 교회의 어떤 면이 (목사님의 목회 방향이 바뀌어 거부감이 생겼다든지, 아니면 내 편에서 신앙의 변화가 있어 교회와 불편해졌다든지) 신앙적인 갈등을 일으키게 되어 옮기는 경우는 교회를 정하기가 조금 복잡해집니다.

대개 이런 분들은 열심히 교회를 섬기고 충성하던 사람들일 경우가 많은데, '자라 보고 놀란 가슴, 솥뚜껑 보고도 놀란다' 는 옛 속담처럼 이제는 교회를 잘 정하고 싶다는 강박관념도 있고, 나름대로 교회는 이래야 한다는 교회에 대한 요구 수준과 기대감이 있어서 어느 교회를 방문하든지 문제점들이 보이고, 양에도 차지 않아 쉽게 교회를 정하기가 어렵습니다. 그래서 주변 사람들에게 교회를 추천해 달라고 자문을 구하기도 합니다만, 마치 과년한 처녀가 중매가 들어와도 이런저런 이유들이 탐탁지 않아 여간한 남자 눈에 들어오지 않듯, 선뜻 교회를 정하지 못하고 여전히 방황하는 경우가 많습니다.

3. 교회를 못 정하는 병

저는 이것을 현대 교회가 낳은 하나의 질병이라고 봅니다. 이름하여 '교회를 못 정하는 병(病)'입니다. 물건이 많으면 선택의 폭이 넓어 좋을 것 같지만, 막상 마음에 드는 물건을 고르기가 어렵다는 것을 경험하신 분들은 아실 것입니다.

오늘날 우리는 이 땅에 복음의 씨앗이 뿌려진 지 120년 조금 넘긴 짧은 선교 역사에도 불구하고 한 집 건너 교회들이 널려 있을 정도로 교회가 많은 시대에 살고 있습니다. 그러다보니 교회들끼리도 경쟁하는 모습을 봅니다. 아름다운 건물, 시원한 냉방 시스템, 화려한 인테리어, 잘 갖추어지고 세련된 예배, 그리고 여러 가지 유익한 프로그램들을 '터뜨리며' 사람들을 자신들의 교회로 끌어들이고 있습니다.

경쟁은 언제나 승자와 패자를 만들어내는 게임입니다. 교회끼리 경쟁을 하는 시대. 더 좋은 교회와 그렇지 못한 교회를 구분하게 되고, 명품을 찾듯 교인들도 더 좋은 교회를 찾아다니게 되었습니다.

4. 명품 교회는 있는가?

장안에 내로라하는 교회들이 있습니다. 담임목사의 설교가 좋다고 소문난 교회, 새벽기도를 뜨겁게 하는 교회, 경배와 찬양을 열정적으로 함으로써 예배 속에 하나님의 임재를 느끼는 교회, 제자훈련을 잘하는 교회, 선교를 잘하는 교회, 구제를 잘하는 교회, 예배당 건축하지 않고 사람에게 투자하는 교회, 젊은이들이 많이 모이는 교회, 어린 이를 사랑하고 다음 세대를 키워가는 교회 등 사람 따라, 취향 따라 사람들이 모여드는 대형 교회들이 생겼습니다. 그리고 교인들은 저마다 자기 교회가 제일이라고 자부심을 갖기도 합니다. 심지어 그런 교회를 다닌다는 사실 하나만으로 자기도 그런 교인이 된 것처럼 묘한 동질의식을 갖기도 합니다.

가끔 인터넷에서, 교회를 소개해 달라는 말 한 마디에 여러 사람들이 저마다 자기 교회를 소개하는 모습을 봅니다. 자기가 몸담아 다니는 교회를 누군가에게 추천할 만큼 자부심을 갖는다는 것은 귀한 일입니다. 그러나 한편으로는 마음 한 쪽에 아쉬움이 남는 것이 있습니다. 그것은 교회의 등급화입니다.

제 상식으로는 누군가 먼저 어떤 교회를 추천하면 다른 사람은 그 교회로 가보라고 하는 것이 당연합니다. 같은 예수님을 믿으니까 말입니다. 그런데 서로 내 교회로 와보라는 모습은, 그리고 심지어는 엄청난 거리가 떨어진 곳에 있는 교회까지 소개하는 모습은 오늘 이 시대의 한국 교회상을 대변하는 현실이라 여겨져 아쉽다는 것입니다.

〈국민일보〉 주말판에 보면 목사님들의 사진과 함께 주일 설교 성경 본문과 제목들, 예배시간이 전면광고에 올라 있습니다. 이것은 전도 목적은 아닙니다. 그보다는 기존 교인들을 향하여 입맛대로 와서 맛보라는 음식백화점 광고와 비슷한 느낌입니다. 한마디로 수평 이동을 부추기는 행태입니다.

명품 교회가 있습니까? 그럴 리 없습니다. 우리 주님께서 어떤 교회는 더 우월한 교회이고, 어떤 교회는 열등한 교회로 만드셨을 리 없습니다. 어떤 교회는 주님이 피로 값 주고 사셨고, 어떤 교회는 대충 세우셨을 리 없습니다. 있다면 사람들이 자신의 취향대로 교회를 선택하며, 교회의 세 불리기를 했을 따름입니다. 교회를 찾아다니는 사람들은 기존 신자들이고, 따라서 '수평 이동' 하는 것에 불과합니다. 우리 주님께서는 이렇게 수평 이동한 교인으로 교세가 확장되는 교회보다는 불신자로 살던 죄인 하나가 회개하고 돌아오는 것을 더 기뻐하신다고 분명히 말씀하셨습니다.

5. 옮길 교회를 추천해 달라는 분들에게

교회를 찾고, 추천까지 원하시는 분들은 이미 앞서 말씀드린 것처럼 초신자는 아닐 것입니다. 그렇다고 한다면 내가 은혜 받을 수 있는 예배가 있는 교회, 내가 하나님의 임재를 느낄 수 있는 예배, 내가 감동적으로 찬양에 젖을 수 있는 교회, 하나님 편에서 하나님을 기쁘시게 할 교회를 구해야 할 것입니다.

제가 생각할 때, 우선 가까운 교회들을 방문하여 예배하며 목사님 설교 말씀 가운데 하나님의 말씀이 선포되고 있는가를 들어보고(성경 본문은 예배 순서상 한 번 읽어 놓기만 하고, 본문을 말하지 않고 자기의 경험 따위를 구수한 입담으로 풀어내는 설교는 하나의 달변과 만담은 될지언정 설교가 아닙니다), 교회의 크기가 아니라 하나님으로부터 받은 구체적인 비전과 그 비전을 이루어가기 위한 열정이 있는가를 살피며, 땅끝까지 열방과 민족을 품은 선교의 비전이 있는가를 보고 결정하는 것이 바람직하다고 생각합니다.

누군가로부터 교회를 추천받는 것은 저마다 자신의 주관적인 입장에서 추천하게 되므로 내가 직접 가보는 것이 중요하고, 가능하면 가까운 교회로 정하는 것이 좋습니다. 그것은 교회를 중심으로 한번이라도 더 들러 기도하며 봉사하고 충성할 기회를 확보코자 함입니다.

특정 교회를 추천하는 일, 그 중심이 하나님보다는 자기 만족의 동기가 앞서는 것이라면 하나님께서 기뻐하시는 일은 아닐 수 있겠다는 생각입니다.

제4부

예수를 잃어버린 사람들

1. 하나님은 누구 편이신가?

설교를 하기 전에 서론적 도입부로 이 질문을 해보았습니다.

"하나님은 누구 편이실까요? 부자의 편일까요, 가난한 자의 편일까요? 권력을 가진 자들 편일까요, 사회적 약자들의 편일까요?"

대부분의 성도들은 하나님은 부자의 편이라기보다는 가난한 자들의 편이라고, 권력을 가진 자들보다는 사회적 약자들의 편이라고 대답을 합니다.

저는 사람들을 둘러보며 이렇게 말합니다.

"하나님은 부자의 편도 아니고, 가난한 자의 편도 아닙니다. 권력을 가진 자들의 편도 아니고, 사회적 약자의 편도 아니십니다. 하나님은 의로운 자들의 편입니다."

가난한 자라도 얼마든지 악할 수 있고, 부자라도 욥처럼 얼마든지 선한 청지기로 하나님을 경외하며 살고자 하는 사람이 있을 수 있습니다. 사회적 약자라고 해도 하나님을 경외하기보다는 여전히 우상을 섬기며, 악인의 길을 걸어가는 사람이 있는가 하면, 요셉처럼 권력을 가졌어도 하나님 앞에서 약속을 붙들고 살아가는 사람이 있을 수 있는 것입니다.

경직된 사회일수록 흑백 논리라는 잣대로 사람들을 규정하기를 좋아하는 것 같습니다. 그러나 그것은 이 세상을 살아가는 그리스도인들이 취할 바는 아닙니다.

1. 이중적인 신분

이 세상의 역사(世俗史) 속에 사람이 되어 임하신 주님으로 인해 '구속사(救贖史)'가 같이 진행되고 있습니다. 주님의 구속(救贖)의 은혜를 입은 우리는 이 땅의 백성인 동시에 하늘의 시민권을 가진(빌 3:20) 하나님의 백성이라는 이중적 신분을 가지게 되었습니다. 즉, 우리는 바닥에 살아도 하늘을 보면서 사는 사람들인 것입니다.

우리는 대한민국 사람이지만, 하나님의 나라에 속한 사람입니다. 그래서 민족주의를 넘어 일본도, 저 북한까지라도 사상과 이념의 체계를 넘어 선교사로 나가기도 하고, 그곳에서 눈물 뿌려 영혼 구원을 위해 삶을 던져 살아갈 수 있는 것입니다.

우리는 세속사와 구속사를 동시에 살아가기에 세상의 법과 하나님의 법이라는 이중적인 다스림을 받습니다.

그러나 이 양쪽의 법이 서로 충돌하게 되면, 우리는 하나님의 법을 순종하기로 결정하고 사는 사람들임이 드러납니다. 즉, 하나님의 법을 순종하다가 세상의 법을 거슬러 투옥되기도 하고, 죽음을 맞이하기도 합니다.

금 신상에 절하기를 거절하다가 풀무불에 던져졌던 다니엘의 세 친구들처럼(단 3:18), 절하지 않으면 사자 굴에 던지겠다는 왕의 어인(御印)이 찍힌 조서가 나붙은 것을 알고도 절하지 않고 오히려 하나님을 향해 무릎을 꿇어 기도를 계속하다가 사자 굴에 던져진 다니엘처럼(단 6:10), 그리고 천황에게 신사 참배해야 한다는 것이 일제시대의 법이었을 때 그것은 '우상 숭배를 금하시는 하나님의 말씀과 위배된다'며 거절하였기에 투옥되기도 하고, 교회가 폐쇄되기도 하고, 순교까지 했던 주기철 목사님과 같은 분들을 우리는 귀하게 여기고, 우리도 그렇게 살아가고자 하는 것입니다.

2. 두 종류의 영웅

세상 사람들은 세상적 가치로 영웅을 만들어내고 숭배합니다. 그들이 볼 때 영웅은 '지혜와 재능이 뛰어나고 용맹하여 보통 사람이 하기 어려운 일을 해내는 사람'이거나, 아니면 '그가 이룬 뭔가 대단한 업적들'과 관계가 있습니다.

그러나 하나님의 자녀들은 이 땅의 영웅들을 보는 기준이 다릅니다. 오히려 세상에서는 미련한 자 같으나 하나님이 보실 때 인정하실 만하면 우리는 그 편을 선택하고, 또 그렇게 그 편을 선택하며 살아가는 사람들을 귀하게 보는 것이지요.

이런 관점에서 보면 이 세상의 절대다수가 영웅이라고 추앙하는 영웅들이 더 이상 영웅일 수 없으며, 별 것 아니라고 내쳐진 어떤 사람들이야말로 세상이 감당할 수 없을 정도로(히 11:38) 하늘에서 별과 같이 빛나는 귀한 영웅들임을 볼 수 있을 것입니다.

우리는 바닥에 살아도 하늘을 보면서 사는 사람들, 그래서 우리는
이 땅에서는 본질적으로 나그네들일 수밖에 없는 사람들입니다.

2. 알 박기

언젠가 신문에서 아파트 개발지역 내에 속칭 '알 박기'라 하여 재
개발 예정지역의 중요한 지점의 땅을 미리 조금 사놓고 개발을 방해
하며 개발업자로부터 많은 돈을 받고 파는 행위를 하는 사람들에 대
한 이야기를 본 적이 있습니다.

왜 이것이 문제가 되는가 하면 '주위토지통행권' 다른 말로는 '위요
지통행권(圍繞地通行權)' 때문입니다. 이는 부동산과 관련된 민법 219조에
따라 비록 내 땅이라 할지라도 내 땅 안에 다른 사람의 땅이 있을 경
우, 그 '알 박기' 땅의 주인은 자신의 땅으로 출입하기 위해 인접한 내
땅 안에 길을 내고 드나들 수 있는 권리를 가지고 있기 때문입니다.

쉽게 말씀드리면, 내 땅에 박혀 있는 작은 '알 박기' 땅 때문에 모양
이 안 나와 집도 제대로 짓지 못하고, 또 길까지 내주어야 하는 등 큰
손실을 겪게 된다는 것입니다.

1. 여기 저기 '알 박기' 당하고 있는 하나님의 백성들

예루살렘 거민 여부스 사람을 유다 자손이 *쫓아내지 못하였으므*
로 여부스 사람이 오늘날까지 유다 자손과 함께 예루살렘에 거하니
라 (수 15:63)

그들이 게셀에 거하는 가나안 사람을 *쫓아내지 아니하였으므로*
가나안 사람이 오늘날까지 에브라임 가운데 거하며 사역하는 종이
되니라 (수 16:10)

그러나 므낫세 자손이 그 성읍들의 거민을 *쫓아내지 못하매* 가나
안 사람이 결심하고 그 땅에 거하였더니 (수 17:12)

베냐민 자손은 예루살렘에 거한 여부스 사람을 *쫓아내지 못하였*
으므로 여부스 사람이 베냐민 자손과 함께 오늘날까지 예루살렘에
거하더라 (삿 1:21)

27므낫세가 벧스안과 그 향리의 거민과 다아낙과 그 향리의 거민과
돌과 그 향리의 거민과 이블르암과 그 향리의 거민과 므깃도와 그 향
리의 거민들을 *쫓아내지 못하매* 가나안 사람이 결심하고 그 땅에 거
하였더니 28이스라엘이 강성한 후에야 가나안 사람에게 사역을 시켰
고 다 *쫓아내지 아니하였더라* 29에브라임이 게셀에 거한 가나안 사람
을 *쫓아내지 못하매* 가나안 사람이 게셀에서 그들 중에 거하였더라
30스불론은 기드론 거민과 나할롤 거민을 *쫓아내지 못하였으나* 가나
안 사람이 그들 중에 거하여 사역을 하였더라 31아셀이 악고 거민과
시돈 거민과 알랍과 악십과 헬바와 아빅과 르홉 거민을 *쫓아내지 못*
하고 32그 땅 거민 가나안 사람 가운데 거하였으니 이는 *쫓아내지 못*
함이었더라 33납달리가 벧세메스 거민과 벧아낫 거민을 *쫓아내지 못*

하고 그 땅 거민 가나안 사람 가운데 거하였으나 벧세메스와 뻰아낫 거민들이 그들에게 사역을 하였더라 (삿 1:27-33)

위 본문들은 젖과 꿀이 흐르는 땅, 하나님의 약속의 땅인 가나안 땅에 들어간 이스라엘 백성들이 그 속에 있는 가나안 족속들을 다 쫓아내지 못하고 있다는 것을 강조하고 있습니다. 마치 이들은 하나님의 언약과 축복의 기업으로 주신 내 땅에 박혀있는 '알 박기' 들 같습니다.

이들은 이스라엘 백성들이 힘이 있을 때는 숨죽이면서 조용히 그러나 결심하고 박혀 있다가(외견상 별 문제가 없는 것처럼 보입니다) 기회를 틈타 강성해져서 하나님의 백성들에게 두고두고 고통을 안겨다주는 후환거리가 되었습니다. 이것이 또한 사사기서에 흐르는 중요 메시지들 중 하나이기도 합니다.

2. 우리 삶 속에 박혀 있는 '알 박기' = '죄'

우리의 삶에도 이런 '알 박기' 들이 많이 있는 것을 발견합니다. 그것은 온전히 정리되지 않은 죄들입니다. 나무의 가지를 베어내도 원뿌리가 남아 있으면 다시 싹이 돋아나듯, 죄 문제 역시 철두철미하게 해결하지 않으면 그 '쓴 뿌리' 는 여전히 '알 박기' 처럼 나의 영혼 깊은 곳에 남아 있어서 하나님과 나 사이의 교제를 단절시키며, 한 걸음 더 나아가 '죄의 권리' 즉 이번에는 그 죄악들이 내 영혼 속에서 '주위통행권' 을 행사하기 시작합니다.

다시 말씀드려서 마치 감자뿌리에 감자알갱이들이 줄줄이 달려 있듯이 하나의 죄악은 또 다른 죄악들을 부르며, 서로 죄악들의 네트워크를 형성해가면서 점점 더 그 상태가 심각해져 간다는 것입니다.

예를 들어, 성적인 유혹에 빠진 사람은 도색잡지를 찾게 되고, 좀 더 자극적인 포르노물을 구하며, 자위행위를 하다가 이제는 부적절한 성관계로 나아가는 등 점점 그 상태가 심각하게 발전되어 가는 것을 볼 수 있습니다. 맨 처음 다가온 성적인 유혹을 쫓아내지 못하므로 내 마음속에 박힌 '알 박기'가 되어 버렸고, 그것이 자신의 '주위통행권'을 행사하기 시작함으로써 더 심각해졌으며, 이에 비례하여 하나님과 나 사이는 영적 침체 상태가 된다는 것입니다.

적당한 예가 될지는 모르겠지만, 영화 〈에이리언〉에서 내 안에 에이리언이 감염되면 결국 나는 죽어버리고 내 안에 에이리언이 터져 나오듯이, 유혹들에 감염이 되면 그 결과로 죄악의 열매들이 이렇게 나를 좀 먹으며 하나님과 교제 단절을 가져오는 것입니다. 결국 그렇게 되면 우리는 진노의 심판밖에는 남은 것이 없는 불쌍한 존재가 되는 것이지요.

3. 어떻게 할 것인가?

1. 무엇이 문제인지 직시하라!

'알 박기'처럼 내 안에 깊이 박혀 있는 '죄악'된 삶의 모습들, '견고한 진'들, '쓴 뿌리'들이 무엇인지를 하나님의 말씀에 비추어 냉정할 정도로 객관적으로 직시해야 합니다.

그것이 거짓된 삶의 태도, 위선, 낮은 자존감, 게으름, 열등감, 음란에 빠짐, 여러 가지 탐닉과 중독, 교만, 분노, 불평, 실패감, 적개심, 시기심 등 여러 영역에서 내 안에 '알 박기'가 되어 나로 하여금 잘못된 습관과 행동에 빠지게 만들며 영적 침체케 하는 것들이 되는 것입니다.

2. 문제를 직시했다면 이제는 나를 사랑하시는 하나님 앞에 이 문제를 드러내야 합니다

하나님께서는 우리를 사랑하시며 이미 내가 이 땅에 태어나기도 전인 창세전에 나를 아시고, 선택하셨습니다.

3찬송하리로다 하나님 곧 우리 주 예수 그리스도의 아버지께서 그리스도 안에서 하늘에 속한 모든 신령한 복으로 우리에게 복 주시되 4곧 창세전에 그리스도 안에서 우리를 택하사 우리로 사랑 안에서 그 앞에 거룩하고 흠이 없게 하시려고 5그 기쁘신 뜻대로 우리를 예정하사 예수 그리스도로 말미암아 자기의 아들들이 되게 하셨으니 (엡 1:3-5)

하나님의 은혜를 힘입어 예수님을 나의 구주로 받아들인 우리는 하나님의 자녀입니다(엡 2:8; 요1:12). 그리고 그 누구도 우리를 사랑하시는 하나님의 사랑에서 우리를 끊어 내거나 떼어낼 수 없습니다.

35누가 우리를 그리스도의 사랑에서 끊으리요 환난이나 곤고나 핍박이나 기근이나 적신이나 위험이나 칼이랴 38내가 확신하노니 사망이나 생명이나 천사들이나 권세자들이나 현재 일이나 장래 일이나 능력이나 39높음이나 깊음이나 다른 아무 피조물이라도 우리를 우리 주 그리스도 예수 안에 있는 하나님의 사랑에서 끊을 수 없으리라 (롬 8:35; 38-39)

이 하나님 앞에 나의 문제를 있는 그대로 아뢰고, 예수님의 이름으로 담대하게 이 문제들이 더 이상 나를 속박할 수 없음을 선포하며 버려야 합니다.

3. 어떤 '죄' 들은 하나님 앞에서 신실한 사람에게 고백함으로써 해결되기도 합니다

이 부분은 좀 지혜롭고 조심스럽게 해야 할 부분입니다만, 개인적인 나쁜 습관들이나 개인의 마음에 남겨진 어떤 상처들은 하나님 앞에서 신뢰할 만한 신앙공동체 안에서 고백함으로써 그 문제가 해결되기도 합니다.

예를 들어, 혼자 은밀하게 음란물을 접하며 자위행위에 빠지는 일들, 가장 소중한 사람들로부터 받은 거절감이나 말로 인한 상처들은 나를 용납하고 이해해주는 신앙공동체 안에서 용기를 내어 고백할 때, 그때 주님의 치유의 역사도 함께 일어나는 것을 봅니다 (이 부분은 요즘 '내적 치유' 사역을 하시는 분들이 많이 권하기도 합니다. 다만 저는 기계적으로 모든 죄들을 다 공개 자백해야 한다는 것에 대해서는 분명히 선을 긋습니다. 그건 그렇게 단순한 문제가 아니기 때문에 신중해야 합니다).

4. 날마다 주님과 동행함으로써 내 안에 마귀로 틈을 타지 못하게 해야 합니다

26분을 내어도 죄를 짓지 말며 해가 지도록 분을 품지 말고 27마귀로 틈을 타지 못하게 하라 (엡 4:26-27)

이 말씀은, 내 안에 깊이 박혀 있는 '알 박기'들을 예수님 십자가의 능력으로 뽑아내었으면 이제는 또 다시 악한 것들이 틈타지 않도록 특별한 주의를 기울이라는 말씀입니다. 이를 위해 이미 목욕한 사람이 날마다 손발을 씻듯 날마다 말씀을 묵상함과 기도생활을 통해 주님과 동행하며, 예배생활과 성도들과의 교제를 통한 경건의 훈련을 습관처럼 해야 한다는 것입니다.

건축이 계획된 땅을 가진 지혜로운 땅 주인은 주변 사람들이 쓰레기 투기를 하지 못하도록 울타리를 치고, 그 땅의 주인 있음을 분명히 하는 팻말을 붙이며 자주 돌아봅니다. 우리의 영적 생활도 마찬가지 원리가 흐릅니다. 우리는 하나님의 거룩한 백성들로서 날마다 영적 전쟁의 긴장감을 가지고, 악한 영들이 더러운 '알 박기'를 하지 못하도록 경건에 힘쓰며 깨어 있어야 하는 것입니다.

3. 예수를 잃어버린 사람들

　　⁴¹그 부모가 해마다 유월절을 당하면 예루살렘으로 가더니 ⁴²예수
께서 열 두살 될 때에 저희가 이 절기의 전례를 좇아 올라갔다가 ⁴³
그 날들을 마치고 돌아갈 때에 아이 예수는 예루살렘에 머무셨더라
그 부모는 이를 알지 못하고 ⁴⁴동행 중에 있는 줄로 생각하고 하룻길
을 간 후 친족과 아는 자 중에서 찾되 ⁴⁵만나지 못하매 찾으면서 예
루살렘에 돌아갔더니 ⁴⁶사흘 후에 성전에서 만난즉 그가 선생들 중
에 앉으사 저희에게 듣기도 하시며 묻기도 하시니 ⁴⁷듣는 자가 다 그
지혜와 대답을 기이히 여기더라 ⁴⁸그 부모가 보고 놀라며 그 모친은
가로되 아이야 어찌하여 우리에게 이렇게 하였느냐 보라 네 아버지
와 내가 근심하여 너를 찾았노라 ⁴⁹예수께서 가라사대 어찌하여 나
를 찾으셨나이까 내가 내 아버지 집에 있어야 될 줄을 알지 못하셨
나이까 하시니 ⁵⁰양친이 그 하신 말씀을 깨닫지 못하더라 ⁵¹예수께서

한가지로 내려가사 나사렛에 이르러 순종하여 받드시더라 그 모친은
이 모든 말을 마음에 두니라 52예수는 그 지혜와 그 키가 자라가며 하
나님과 사람에게 더 사랑스러워 가시더라 (눅 2:41-52)

■ 예루살렘으로 올라가는 날 - 유월절

본문은 예수님의 부모님이 유월절에 예루살렘으로 올라가고 있는
장면으로 시작합니다. 유월절에 예루살렘에 올라가는 일은 어쩌다
한 번 올라간 것이 아니라 해마다, 그러니까 정기적으로, 습관적으로
올라가는 행동이었음을 보여줍니다. 유월절이 어떤 날이기에 이렇게
올라가고 있는 것일까요?

이스라엘 사람들에게는 자손대대로 잊을 수 없는 절기가 있는데,
그 중 하나가 유월절입니다. 유월절은 애굽 땅에서 430년간 노예 생
활로 고통당하고 있는 이스라엘 백성들을 하나님께서 친히 찾아오시
고, 모세를 통해 출애굽 시킨 날을 기념하는 절기입니다. 다시 말해
유월절은 구원의 날이요, 해방의 절기입니다. 그렇게 유월절은 이스라
엘 백성들을 새로이 태어나게 한 날이었습니다. 하나님께서는 이 날
을 한 해의 첫 달이 되게 하셨고, 해마다 유월절이 돌아오면 이스라
엘 백성들은 하나님의 명령을 따라 예루살렘 성전에 모였습니다. 그
리고 유월절 해방의 기쁨을 다시 한 번 즐기곤 했던 것입니다.

유월절의 내용을 조금 더 살펴보면, 하나님께서 이스라엘 백성들을
건져내시기 위해 애굽 땅에 내리신 10가지 재앙 중 마지막 재앙과 관
련이 있습니다. 그것은 죽음의 재앙, 즉 애굽의 장자를 치는 재앙이었
습니다. 그 와중에 하나님께서는 이스라엘 백성들을 보호하셨습니다.

미리 살 길을 알려 주신 것입니다. 그것은 죽음의 그림자가 지나는 그날 밤, 하나님의 명령대로 어린양 하나를 잡아 그 피를 좌우 문설주와 문 인방에 바르고 고요히 집에서 기다리는 것이었습니다.

그러면 그날 밤, 하나님의 심판의 손길이 지날 때 어린양의 피가 묻어있는 이스라엘 족속들의 집은 넘어가고(유월(逾月) pass-over) 그렇지 않은 애굽 사람의 집에는 애굽 왕 바로의 장자로부터 저 아래 계집종의 맏아들까지, 심지어 애굽에 속한 짐승의 첫 새끼까지 목숨을 거두어가게 됩니다. 결국 이 엄청난 죽음의 재앙을 경험한 애굽 왕 바로는 혼비백산하게 되었고, 두려운 마음으로 이스라엘 백성들을 놓아주게 됩니다.

■ 유월절의 중심- 하나님의 어린양 예수 그리스도

유월절의 중심은 하나님의 구원이며, 그 구원을 가능케 한 어린양의 희생의 피에 있습니다. 그 피를 바름으로써 죽음으로부터 벗어나 생명을 얻은 것입니다. 예수님께서는 세상 죄를 지고 가시는 하나님의 어린양으로 이 땅에 오셨습니다(요 1:29). 누구든지 예수 그리스도의 십자가의 속죄의 보혈을 의지하는 사람들은 사망과 심판 아래 놓여 있지 않고, 영원한 생명을 얻게 될 것입니다(요 5:24).

이제 예수님의 부모님은 유월절에 예루살렘으로 올라가고 있습니다. 열두 살 되신 소년 예수도 함께 올라가고 있습니다. 그러다가 예수님의 부모님은 예수를 잃어버리게 되는데, 이 본문은 오늘을 살아가는 우리를 향해 매우 시사하는 교훈이 큽니다.

이미 언급한 것처럼, 이 유월절의 중심은 우리의 죄를 담당하시고 십자가에 못 박혀 피 흘리신 어린양 예수 그리스도입니다. 그런데 아이러니하게도 그 어린양 예수 그리스도가 유월절 한복판에 잃어 버려지고 있다는 사실입니다.

지금 우리는 교회마다 성탄절을 준비하느라 분주하고, 또 그렇게 성탄절을 맞이하게 될 것입니다. 교회학교 어린이들은 벌써 몇 주 전부터 성탄발표회를 준비하고 있습니다. 그런데 이렇게 들뜨고 행사를 준비하는 와중에도 우리가 조심해야 할 것은 정작 성탄절의 주인공 되신 예수 그리스도에 대한 관심을 잃어버리는 것입니다. 그 원인이 무엇일까요? 예수를 잃어버린 그 부모의 모습을 보면서 교훈을 얻을 수 있지 않을까요.

■ 잃어버린 예수

1. 언제, 어디서 잃어 버렸나?

43그 날들을 마치고 돌아갈 때에 아이 예수는 예루살렘에 머무셨더라 그 부모는 이를 알지 못하고

이들은 해마다 올라갔던 예루살렘 성전에서 유월절 절기를 마치고 내려가다가 예수님을 잃어버리게 됩니다. 성전에서, 오늘날로 말하면 교회에서 절기를 마치고 내려가다가, 즉 예배를 마치고 돌아가다가 예수님을 잃어버립니다. 어쩌면 오늘의 우리들 모습은 아닌지요? 앞서 말한 것처럼 성탄절의 흥겨움 속에, 예배의 형식 속에, 만남과 교제의 즐거움 속에 아이러니하게도 그것들이 예수님과 상관없을 수 있습니다.

2. 왜 잃어버렸나?

① 무관심 때문에

43그 날들을 마치고 돌아갈 때에 아이 예수는 예루살렘에 머무셨더라 그 부모는 이를 알지 못하고 44동행 중에 있는 줄로 생각하고 하룻길을 간 후 친족과 아는 자 중에서 찾되

예수님을 왜 잃어 버렸나? 무관심 때문입니다. 한 번 생각을 해보면, 자기 자식이 그 많은 인파 속에서 함께 하지 않고 있는데 알지 못한다는 것이 말이 됩니까? 그럼에도 불구하고, 예수님의 부모님은 예수를 잃어버린 줄도 모르고 하룻길이나 간 후에야 뒤늦게 발견을 합니다. 나도 자식을 기르지만 납득이 안 됩니다. 예수님의 소년 시절이 착하시긴 착하셨나봅니다. 이런 날이면 여느 아이들이 그러하듯 일부러라도 배고프다고 뭘 사달라고 칭얼거릴 법도 한데 그러질 않으셨나 봅니다.

어쨌든 하룻길을 가도록 예수님이 함께 하는지 여부를 몰랐다는 것은 '무관심' 때문에 그랬다는 말 외에는 변명의 여지가 없습니다. 상상컨대, 예루살렘 거리는 아마 전국 각지에서 몰려온 수많은 사람들로 인해 축제의 분위기로 넘쳤을 것입니다. 거리마다, 골목마다 마치 큰 장터가 열린 것처럼 진귀한 물건들, 관심을 끄는 희한한 볼거리들도 많았을 것이며, 결국 그것이 주의를 분산시켰을 것입니다.

예수님을 향하던 눈길이 다른 곳으로 돌려지고, 예수님을 잡고 가야 할 손이 다른 관심으로 풀려질 때 우리 역시 예수님을 잃어버리게 됩니다. 21세기를 살아가는 나의 가장 큰 관심은 어디에 있습니까?

② 분주함 때문에

예수님을 왜 잃어 버렸나? 분주함 때문입니다. 예수님의 부모님인 마리아와 요셉은 어쩌면 매우 바쁜 사람이었을 겁니다. 추론이긴 하지만, 요셉의 직업이 목수라 빨리 돌아가서 거래처가 맡겨놓은 밀린 일감들을 처리해야 하는 생각으로 마음이 분주했는지도 모르겠습니다. 왜냐구요? 일한 만큼 수입이 생기며, 일하지 않으면 수입은 없기 때문입니다.

이런 일은 오늘을 살아가는 우리도 마찬가지가 아닐까요? 우리는 먹고 살아야 하는 생계 문제 때문에 바쁩니다. 그러다보니 가장 중요한 일들을 놓치고 살아가게 될 경우가 많습니다.

그러나 다시 한 번 생각해봅시다. 우리는 왜 그리 바쁜 것인가? 무엇 때문에 그렇게 바쁘게 돌아다니는 것일까? 오늘 처리해야 할 가장 급한 일은 무엇인가? 그것이 하나님과의 교제를 뒤로 미루어야 할 만큼 가장 중요한 일인가?

이렇게 자문자답해보면, 우리가 오늘 해야 할 가장 급한 일이 가장 중요한 일이 아닐 수 있다는 것을 발견하게 됩니다. 바쁘면 서두르게 되고, 그러다보면 이것저것 놓치는 일들이 생기게 됩니다. 현대인의 분주함은 하나님과 교제를 방해하는 마귀들의 농간일 경우가 많습니다.

③ 자기중심적인 생각 때문에

44동행 중에 있는 줄로 생각하고 하룻길을 간 후 친족과 아는 자 중에서 찾되 예수님을 왜 잃어 버렸나? 자기중심적인 생각 때문입니다. 어이없게 도 예수님의 부모님은 예수님의 함께하심을 직접 확인하지 않았습니 다. 그저 동행 중에 있는 줄로 생각했다고 합니다.

우리의 신앙생활에서도 마찬가지이지만 이것은 매우 심각한 문제 입니다. 예수님에게 관심을 갖지 않고, 하나님의 말씀에 주의를 기울 이지도 않고, 자기 혼자만의 생각으로 가득 차 있으면 예수님을 잃는 결과를 갖게 된다는 것입니다. 신앙은 성경을 중심으로, 다시 말해 사실에 근거한 객관적인 확신이 있어야 합니다. 그저 자기중심적이고, 피상적인 신앙을 옳다고 여겨서는 안 되는 것입니다. 성경을 읽지 않 고도 바른 신앙을 가질 수 있다고 생각하면 그것은 큰 오해입니다.

■ 다시 찾은 예수

1. 어떻게 찾게 되었나?

1. 잃어버린 사실을 발견해야 찾을 수 있습니다

비록 하룻길이나 간 뒤였지만 뒤늦게나마 예수님의 부모님은 예수 님이 함께 있지 않다는 것을 발견하고, 깨닫기 시작하고, 그리고 예수 님을 찾기 시작합니다. 이것은 우리에게 매우 도전이 됩니다. 늦었다 고 생각할 때가 가장 빠른 때인 것입니다. 나의 영적 상태를 돌아보 며, 내가 이렇게 살아서는 안 되겠다는 각성이 생길 때가 예수님을 다 시 찾고, 만날 수 있는 가장 가까운 때가 되는 것입니다.

2. 예루살렘으로 돌아가서 찾았습니다

44 동행 중에 있는 줄로 생각하고 하룻길을 간 후 친족과 아는 자

중에서 찾되 45만나지 못하매 찾으면서 예루살렘에 돌아갔더니 46
사흘 후에 성전에서 만난즉

부모님들은 처음에 잃어버린 예수님을 자신들의 친족과 아는 자들 중에서 찾고자 시도하지만, 만나지 못합니다. 거기에 예수님이 있을 리가 없습니다. 예수님을 찾기 위해서는 다른 어떤 방법들에 우선해서 잃어버린 자리로 돌아가야 합니다. 언제 예수님을 잃어버렸는가? 무엇하다가 예수님을 잃어버렸는가? 그 자리로 돌아가야 합니다.

예전에는 열심히 새벽기도회도 다니고, 새벽에 하나님께 기도하고 응답을 받는 생활을 했는데, 어느 순간 피곤함을 핑계로 게을러져 빠지기 시작한 것이 지금은 아예 기도를 안 하는 생활이 되어 버리지 않았습니까? 언제부터인가 신앙이 냉랭해지지 않았습니까? 다시 새벽기도부터 시작할 수 있기를 바랍니다. 예전에는 모든 공예배 참석을 소중히 여겼는데, 삶이 바쁘다 보니까 한두 번 빠지기 시작해서, 지금은 신앙이 있는지 없는지 할 정도가 되어버리지는 않았습니까? 다시금 결단하고 주일 예배, 수요 예배 등 공예배부터 성실히 참석하시기 바랍니다. 그래야 예수님을 깊이 만날 수 있습니다. 그래야 다시 회복이 이루어질 수 있는 것입니다.

3. 찾을 때까지 포기하지 않으면 찾습니다

찾으면서 예루살렘에 돌아갔더니 46사흘 후에 성전에서 만난즉

예수님을 잃어버리긴 하루 만에 잃어버렸습니다만, 예수님을 다시

찾는 데는 사흘이 걸렸습니다. 이것은 무엇을 말하는 것일까요? 예수 님을 잃어버리기, 다시 말해 신앙이 나태해지는 것은 매우 쉽습니다. 그러나 예수님을 다시 찾는 것은 사흘이 걸려서, 수고 끝에 다시 찾 게 되었습니다.

혹자는 회개하면 된다고 읊조리며 죄 짓는 것을 대수롭잖게 생각 하기도 합니다만, 천만의 말씀입니다. 회개하기가 그리 쉬운 줄 아는 가요? 영적 회복은 눈물과 수고가 동반됩니다. 그러므로 받은바 하나 님의 은혜를 잘 간직하고 유지하는 일에 힘써야 할 것입니다.

물론, 뒤늦게라도 깨닫고 다시 돌아오는 일이 귀합니다. 반복되는 죄들로 인해 하나님 앞에 또 다시 용서를 구하는 것이 면목 없고, 쥐 구멍이라도 들어가고 싶은 입장이라 해도 우리는 하나님 앞에 다시 나와야 합니다. 하나님은 죄인 한 영혼을 포기치 않으십니다. 하나님 은 나를 포기치 않으십니다. 지금도 나를 위해 말할 수 없는 탄식으 로 중보하시는 분이 예수님이시며, 성령님이십니다 (롬 8:34, 롬 8:26).

며칠 전, 나는 아들 친구의 죽음을 가까이에서 지켜본 적 있습니다. 그 아이는 근육병을 앓고 있었습니다. 초등학교에 다닐 때는 불편한 걸음이긴 하지만 그래도 좀 걸었는데, 점점 근육이 힘을 잃고 말라가 조금 있다가는 휠체어에 의지하다가 급기야는 더욱 상태가 나빠져 학 교도 다니지 못한 채 집에만 있게 되었습니다.

이 병은 스무 살을 못 넘기는 불치의 병이라고 합니다. 게다가 부모 가 아직 불신부모이고, 교회에 상처까지 입은 사람들이었습니다. 그 러나 그의 중환자실 입원 소식에 꽃다발을 들고 아내와 함께 심방을 갔습니다. 어찌되었든 그는 내 아들의 친구이고, 가까운 인근에 거주하는 사람이고, 하나님께서 마음에 부담을 계속 갖게 만드는 소중한 영혼이었기 때문입니다.

그 부모는 평소에 안면이 있고, 또한 아들 친구의 부모라는 사실에 심방을 받아주었습니다. 아이를 보니 정신도 맑고, 휴대용 게임기로 게임도 하는 등 조금은 여유가 있어 보였지만 첫날부터 복음을 전하면 그 부모가 생각할 때 너무 극성스럽게 느끼고 거부감을 가질까하여 다른 이야기만 하다가 헤어지는 자리에서 말했습니다.

"영훈아! 목사님 갈게. 그런데 목사님이 너를 위해 기도해주고 싶다. 너를 위해 기도해도 될까?"

그러자 아이는 하던 게임을 멈추고 착하게도 눈을 감습니다. 나는 그 아이를 위해 머리에 손을 얹어 간절히 기도했습니다. 그리고 이제 한 이틀 있다가 다시 가서 복음의 구체적인 내용들을 전해주리라 생각을 하고 돌아왔는데, 그 다음날 아이가 숨을 거두었다는 소식을 들었습니다. 아, 며칠은 더 살 수 있을 것이라 생각했었는데, 얼마나 안타까웠는지!

기회가 언제나 있는 것이 아닙니다. 인생의 내일을 누가 장담할 수 있겠습니까? 지금 우리는 한 해의 마지막 달력을 일주일 남겨 놓고 있습니다. 그야말로 한 해의 끝자락에 서있는 것입니다. 그리고 우리는 또 한 번의 주님을 만나는 성탄을 맞이하고 있습니다. 이번 성탄은 여느 성탄처럼 그저 들뜬 마음으로 보내거나, 이런 저런 행사에 치어 정신없이 보냄으로써 정작 예수님과 그다지 관계없이 보내서는 안 되겠다는 생각을 해봅니다. 이 성탄을 내 인생의 마지막 성탄절이라고 생각해보면, 그 의미가 더욱 다가올 수 있을 것입니다.

예수를 잃어버린 사람들 속에 내 모습이 있을 수도 있다는 생각은 우리의 옷깃을 여미게 만듭니다. 하나님의 임재를 경험하며 예수님을 다시 찾고, 성령의 기름 부으심을 체험하며 다시금 영적인 회복과 충만함이 있는 복스러운 성탄이 될 수 있기를 기도합니다.

4. 하나님은 왜 우리의 기도를 응답하지 않으시는가?

기도는 하나님과 대화라고 배웠습니다. 그리고 하나님께서는 응답하시되 그래(Yes), 안돼(No), 기다려(Wait) 라고 하신다는 것도 배웠습니다. 그럼에도 불구하고, 풀리지 않는 것이 하나가 있었습니다. 누가 보아도 타당하고 믿음적인 기도 제목인데 때때로 응답하지 않으시는 것처럼 보이는 것들이 있다는 것입니다.

"하나님, 제게 전도를 잘 할 수 있는 능력을 주옵소서!"

그러나(제 경험상) 막상 전도하러 나가면 사람을 만나도 맨 깍두기사촌쯤 되는 거친 사람들을 만나거나 문전박대를 당하기 십상입니다. 대개 열 집을 방문하면 여덟, 아홉 집이 그 모양입니다. 그렇게 돌아오면 패잔병과 같은 심정이 되고, 또 화가 나기도 해서 하나님께 항의성 기도를 하곤 합니다.

"하나님, 이게 뭡니까? 정말 저한테 이러시깁니까?"

270

그러나 어느 정도 시간이 흐르고, 말씀을 통하여 하나님께 항복하는 법을 배우고 난 다음부터는 기도가 바뀌기 시작했습니다.

"하나님, 오늘도 하나님께서 역사하여 주옵소서!"

기도가 달라진 것입니다. 물에 몸을 맡기니 저절로 뜨는 것처럼 마음이 편안해집니다. 사실 그동안 하나님을 향한 나의 기대는 부족한 내게 능력을 채우셔서 나로 하여금 무엇을 하게 만들어 달라는 것이었습니다. 그러나 하나님께서는 내게 능력을 채우시기보다는 나를 철저히 하나님께 항복시키셔서 오히려 능력의 원천이신 하나님을 신뢰하도록 만드셨습니다.

하나님께서는 기도를 응답하시지 않은 것이 아닙니다. 다만 내가 원하는 때에, 내가 원하는 방식으로 하시기보다는 더 좋으시고, 더 오묘하신 하나님의 뜻대로 하신 것일 뿐입니다.

우리는 하나님의 힘을 빌어 나의 모자람을 채워 내가 영웅이 되길 원하는 성향이 있습니다. 하지만 하나님께서는 오히려 우리에게 기도를 응답하지 않으시는 것처럼 여러 가지 환경들을 통해 철저히 실패케 하시고, 시련과 연단을 통해 '자기 의(義)' 를 빼는 작업을 하시는 것입니다. 그래서 채워진 내 능력을 의지하는 것이 아니라 나는 아무것도 아니요, 오직 능력의 원천이신 하나님만을 의지토록 하시는 것입니다.

하나님께서는 기도를 응답하지 않으시는 것이 아니라 나를 성장시키기 위해 또 다른 일을 만들어 가시는 것입니다. 그러므로 지금 하나님의 뜻에 대해 이해 못한다고 해서 내 비위를 맞춰주는 또 다른 굴을 파지 않도록 주의해야 할 것입니다.

"우리가 알거니와 하나님을 사랑하는 자 곧 그 뜻대로 부르심을 입은 자들에게는 모든 것이 합력하여 선을 이루느니라" (롬 8:28)

"그러므로 내가 그리스도를 위하여 약한 것들과 능욕과 궁핍과 핍박과 곤란을 기뻐하노니 이는 내가 약할 그 때에 곧 강함이니라" (고후 12:10)

5. 기도 응답이 안 되는 이유들

우리가 신앙생활을 하면서 가장 많이 듣는 말씀 중 하나가 '기도' 일 것입니다.

"아무 걱정하지 말고, 기도 열심히 하세요."

"기도하면 하나님이 들어주십니다."

그런가 하면 가장 많이 부탁을 받는 것 중 하나가 역시 '기도' 입니다.

"저를 위해 기도해 주세요."

이렇듯 '기도' 만큼 우리에게 흔하게, 그리고 가까이 있는 단어가 없을 것입니다. 그런데 아이러니하게도 '기도 응답' 은 좀 어렵습니다. 기도의 양에 비해 응답 받는 성적은 저조하기만 할 뿐입니다. 화살통의 화살이 다하도록 기도의 화살을 계속해서 쏘아대지만 과녁을 제대로 맞추지 못하고 중간에 떨어져 버리거나, 이미 쏘아 놓은 화살조차 찾을 수 없을 정도로 응답의 흔적을 찾지 못하는 경우들이 많습니다. 왜 그런 것일까요? 도대체 무엇이 문제일까요?

1. 너무 겸손해서

"에이, 하나님께서 나 같은 사람의 기도를 들어주시겠어요?"

겸손한 태도를 보이는 사람들의 말입니다. 하지만 이것은 겉으로 보기에는 겸손한 것처럼 보이지만 전혀 겸손하지 않고 오히려 하나님을 제한하는, 매우 불신앙적이고 악한 것입니다.

어느 동네에 술집과 교회가 길 하나를 사이에 두고 마주보고 있었습니다. 공교롭게도 교회의 집회시간과 술집의 한창 영업시간이 겹치는 바람에 술집에서 흘러나오는 요란한 음악과 술꾼들의 고래고래 떠드는 소리들로 예배가 여간 방해가 되는 것이 아니었습니다. 그래서 온 교인들은 하나님께 기도하기 시작했습니다.

"하나님, 저 술집이 불이 나든지, 아니면 망하게 하셔서 문을 닫게 해주십시오."

그런데, 이게 웬일입니까! 그렇게 기도한 지 얼마 되지 않아 과연 술집은 원인 모를 불이 나서 망하게 되었고, 문을 닫게 되었습니다.

술집 주인은 교인들이 자신의 술집에 불이 나기를, 망해서 문을 닫게 되기를 하나님께 기도했다는 것을 알게 되었습니다. 그래서 교회를 상대로 손해배상청구 소송을 하게 되었습니다. 졸지에 송사에 휘말린 교인들은 재판장 앞에서 이렇게 말했습니다.

"에이, 하나님께서 그런다고 저희들의 기도를 들어주시겠어요?"

누구 믿음이 더 좋은지 알 수 없는 일이고, 웃자고 지어낸 이야기이겠지만 오늘의 그리스도인들의 기도 태도에도 이런 모습이 적잖이 보입니다. 기도를 믿음으로 하지 않는 것입니다. 기도를 해놓고도 응답하실 하나님을 기대하지 않는 것입니다. 이런 사람들을 향하여 야고보는 일침을 놓았습니다.

6오직 믿음으로 구하고 조금도 의심하지 말라 의심하는 자는 마치 바람에 밀려 요동하는 바다 물결 같으니 7이런 사람은 무엇이든지 주께 얻기를 생각하지 말라 8두 마음을 품어 모든 일에 정함이 없는 자로다 (약 1:6-8)

2. 너무 교만해서

반대로 너무 교만해서 기도할 필요가 없다는 생각을 갖고 있는 사람이 있습니다. 이 사람은 지금까지 순탄하게 잘 살아왔다고 자부합니다. 가정도 평안하고, 애들도 잘 자라고 있고, 직장도 괜찮고, 교회 생활도 무난하고, 매사에 특별히 기도하지 않아도 잘 굴러왔던 것입니다. 그래서 기도의 모양새는 취하지만 속마음에는 간절함이나 절박함이 없습니다.

"하나님께서 들어주셔도 좋고, 안 들어주셔도 다 손 쓸 방법이 있으니까."

마가복음 10장의 소경 거지 바디매오를 보십시오!(막 10:46-52) 그는 나사렛 예수가 지나간다는 말을 듣고 소리를 지르며 '다윗의 자손 예수여 나를 불쌍히 여기소서' 하고 외칩니다. 많은 사람들이 시끄럽다고, 잠잠하라고 꾸짖어도 그는 더욱 소리를 지르며 '다윗의 자손이여 나를 불쌍히 여기소서' 하고 절규에 가깝게 부르짖습니다. 마침내 예수님께서 그를 부르시자, 그는 거추장스러운 겉옷을 내어버리고 예수님께로 뛰어 나옵니다. 상상해 보십시오, 앞이 안 보이는 소경이 예수님을 만나겠다고 뛰어 나오는 모습을!

예수님께서 그에게 물으십니다.

"내가 네게 무엇을 하여 주기를 원하느냐?(What do you want me to do for you?)"

그러자 그는 주저함 없이 대답합니다.

"선생님이여 보기를 원하나이다.(Rabbi, I want to see.)"

그리고 그는 '곧(Immediately)' 보게 되었고, 인생이 바뀌어 구걸하던 자리에서 예수님을 따르는 자가 되었습니다.

현대인들의 풍요로움은 이런 간절함, 지금 주님을 만나지 못하면, 지금 주님께서 응답하시지 않으시면 내 인생의 앞날이 어찌될까 하는 절박함을 점점 사라지게 만들고 있습니다.

어느 대형 교회의 기도를 목적으로 한 금요 심야기도회를 보니 초청받아온 CCM 가수들이 등장하고, 화려한 조명에 워십 댄스를 감상하며, 기독교 연예인들을 초청해서 감동적인 간증을 듣는 등 기도가 없는 기도회로, 한 편의 세련되고 멋진 '기독교적 라이브 콘서트'와 같은 느낌이었습니다.

여기에 하나님의 임재하심이 있을 리 없고, 엘리야의 불을 내리듯 하나님의 응답이 있을 리 없는 것은 당연한 일이 아닐까요.

3. 기도의 거절감 때문에

어렸을 때 보았던, 무슨 명절 연휴 때만 되면 으레 TV에서 나오던 세계의 서커스가 생각납니다. 어마어마하게 큰 코끼리가 조그마한 조련사의 말에 고분고분 재주를 부리는 것이 참 신기했습니다.

'힘이 센 코끼리가 어떻게 저런 조그마한 사람에게 쩔쩔매는 것일까? 그리고 조그마한 말뚝에 묶였다고 얌전히 앉아 있는 것일까? 저 까짓 것쯤이야 한 번만 몸을 흔들면 쉽게 뽑아버릴 수 있는 것인데…'

나중에 코끼리를 훈련하는 방법을 듣고 그 이유를 알게 되었습니다. 코끼리 조련은 코끼리가 새끼일 때부터 시작한다고 합니다. 새끼 코끼리를 쇠사슬로 나무 기둥에 묶어두면 코끼리는 힘을 다하여 벗어나려고 애를 쓰지만 꼼짝 않는 나무로 인해 제풀에 포기하게 됩니다. 그 이후 코끼리는 나무에 묶이면 벗어날 수 없다는 경험을 하게 됩니다. 즉, 불가능이 학습되는 것입니다. 그렇게 코끼리는 조그마한 말뚝에 묶여도 그것을 뽑아내고 자유를 얻을 생각을 못하게 길들여지는 것입니다.

우리의 기도도 때로는 이와 같다고 생각합니다. 어떤 문제는 몇 년을, 아니 몇 십 년을 그렇게 기도해왔건만 여전히 응답이 되지 않는 것이 있습니다. 부모님이나 배우자, 또는 형제나 친구들의 구원 문제가 그렇습니다. 눈물을 뿌려가며 안타까이 기도를 해도 마치 철옹성과도 같이 요지부동입니다. 이럴 때는 낙심이 되고, 하나님으로부터도 기도의 거절감을 느끼게 됩니다. 그리고 내 마음 한 켠에 '기도해도 소용없어. 이 기도는 안 들어주시는 기도인가 봐' 하는 생각이 피어오릅니다. 그래서 그 문제는 기도하면서도 응답받을 것에 대한 기대를 미리부터 체념합니다.

앞서 말한 묶이고 길들여진 코끼리처럼 거절감에 스스로 묶여서 하나님을 제한하게 되고, 스스로 마음이 상한 것입니다. 그러나 이것은 옳지 않습니다. 하나님은 주권자이십니다. 나는 내가 원하는 방식대로, 내가 원하는 시점에 응답해주시길 기대하지만 하나님께서는 하나님의 뜻대로, 하나님의 때에 나의 기대나 상상 이상으로 넘치도록 부어주시는 참 좋으신 분이십니다. 우리가 누구입니까? 하나님의 자녀입니다. 그렇다고 한다면 기대감을 가지고 들어주실 때까지 기도하는 것은 당연합니다.

얼마 전, 점심시간에 지인과 함께 해장국을 맛있게 잘하기로 유명한 B해장국집에 갔습니다. 자리에 앉자마자 해장국이 턱하니 나왔습니다. 얼마나 빠르던지!

인스턴트 식품에 길들여진 현대인들에게는 가마솥에 장작불 때서 밥을 하고 국을 끓이던 옛날 방식이 고루하고 미련해 보일지 모르겠습니다. 마찬가지로 사십 일 아니라 그 이상으로 작정기도를 하곤 하던 옛날 어른들의 기도 방식이 답답하게 여겨질지도 모르겠습니다. 찬송가 한 곡을 다섯 번, 열 번을 불러대며 기본이 두 시간씩 하는 부흥회가 이해가 안 될지 모르겠습니다. 아닌 게 아니라, 요즘은 예배를 마치고 축도가 끝나면 진득하게 남아서 기도하는 사람들을 찾아보기 어렵습니다. 밀물처럼 왔다가 썰물처럼 빠져나가는 교인들!

그래도 감사한 것은 내가 담임하여 섬기는 교회는 조금이라도 하나님의 임재 속에 더 머물고자 주일 예배를 한 시간 하고도 삼십 분을 더 드리지만 불평하는 사람이 없다는 것입니다. 하긴 이렇게 길게 예배를 드리는 것이 싫고 불평스럽게 여기는 사람은 진작에 다 도망가고 없으니까 불평 없는 것이 당연하다는 생각이 들기도 합니다.

다시 원점으로 돌아와서, 하나님께서는 언제나 기도에 응답하십니다. 그렇지 않다고 생각하는 것은 기도자에게 문제가 있을 뿐입니다. 하나님은 짧은 기도에도 응답하시지만, 그리고 짧은 기도에도 얼마든지 우리의 요청을 다 담을 수 있지만, 하나님의 임재 속에 드러나는 깊은 기도는 시간을 두고 기도하는 가운데 천천히 발동이 걸리는 것입니다.

이제 한여름 무더위가 가고, 기도하기 좋은 계절이 돌아왔습니다. 여기저기에서 새벽기도의 불길들이 일어났으면 좋겠고, 밤마다 부르짖는 자들이 늘어났으면 좋겠습니다. 깊은 기도만이 나를 살리고 변화시키며, 나의 가정, 일터, 교회, 이 나라와 민족을 살릴 것이기 때문입니다.

6. 콩나물

어렸을 때 들었던 설교 예화 중에 '콩나물 이야기'가 있습니다. 콩나물시루에 물을 부으면 아래로 다 빠져나가는 것 같아도 콩나물이 쑥쑥 자라 있듯이, 눈에 보이도록 믿음이 자라지 않는 것 같아도 ^(어떤 체험이나 변화가 없는 것 같아도) 일정한 시간이 지나 되돌아보면 나도 모르는 사이에 많이 변화되어 있음을 알게 됩니다. 그러니까 졸지언정 포기하지 말고 교회에 계속 나오고, 말씀이 이해가 안 되어도 계속 듣고, 읽으라는 말입니다. 때가 되면, '콩나물처럼' 보이지 않는 하나님의 은혜 가운데 잘 자라게 될 테니까요.

이 말씀이 어찌나 그럴 듯 했던지 상당히 오래 전에 들었던 말씀임에도 잊히지 않았을 뿐 아니라 나 역시, 불신자 틀을 아직 벗지 못해 술도 마시고, 담배도 피우는 어느 성도에게 그래도 교회에 계속 나와야 되는 이유에 대해 설명하면서 예화로 사용했습니다.

그런데 오늘은 문득 그것이 최선일까 하는 생각이 들었습니다. 한 알의 콩알이 한 알 그대로 있는 것이 아니라, 성장하여 콩나물이 된다는 것은 나름대로 의미가 있는 일이겠습니다. 하지만 좁고 어두운 콩나물시루 안에서 싹을 틔운 콩나물 정도가 아니라 푸른 대지 위에 뿌리를 굳게 내리고 태양빛을 마음껏 머금으며 푸른 잎을 펼쳐 자라다가 꽃을 피우고, 꼬투리에 또 다른 열매를 맺는 것, 이것이 최선이 아닐까 하는 생각입니다.

교회의 성도들도 마찬가지입니다. 교회를 드나들면서 졸다가, 몇 년을 다녀도 늘 손님처럼 교회 언저리에 머물면서 교회의 이런저런 행사가 있으면 초청 대상이 되는 성도들이 있습니다. '주일에 교회에 나와주는 것만 해도 대견한', 그렇게 은혜를 소비만 하다가 어찌해서 믿음이 생기는 '콩나물' 같은 신자가 아니라, 아예 처음부터 제자도를 가르치고 헌신의 의미와 하나님의 자녀로서 치러야 할 대가를 말해주며 강하게 훈련하여 열매 맺는 '콩나무'가 되도록 해야 한다는 것, 이것이 주님께서 의도하신 교회요, 목사로서 지향해야 할 제자 삼는 사역의 목적이 아닐까 하는 생각입니다.

내년 목회를 준비하면서 목회자로서 교회 안을 들여다보니 여기저기 여리고 의존적인 '콩나물'들, 다시 말해 아직 싹도 제대로 틔우지 못한 채 '불어 터진 콩'들이 너무 많은 것을 발견하고는 그동안 목회자로서 성도들을 배려한답시고 성도들을 유약하게 만든 내 자신에 대한 뼈저린 반성을 하게 됩니다.

지극히 작은 겨자씨가 자라 큰 나무가 되어 공중의 새들이 깃들이는 것을 말씀하신 주님을 생각해볼 때, 한 알의 콩에 대한 주님의 목적은 콩나물이 아니라 콩나무일 것입니다. 그런데 콩나물은 콩대가리가 그대로 있는 채로 콩이 죽지 않아도 되지만, 콩나무가 되기 위해서는 한 알의 콩이 반드시 흔적도 없이 사라져 죽어야 되는 것임을 새삼 생각하며, 내년에는 사도 바울이 고백했던 것처럼 하나님 나라의 백성으로서 '날마다 죽는 삶 그래서 날마다 다시 살아나는 부활의 삶' (고전 15:31)으로 성도들을 강하게 훈련하고 이끌어야겠다는 생각을 해 봅니다.

"내가 진실로 진실로 너희에게 이르노니 한 알의 밀이 땅에 떨어져 죽지 아니하면 한 알 그대로 있고 죽으면 많은 열매를 맺느니라"〈요 12:24〉

7. 색 바랜 신문조각 하나

작은 주머니칼, 낡아 찢어진 손수건, 그리고 색 바랜 신문조각 하나! 이것들은 링컨 대통령이 저격당하여 유명을 달리하던 날, 그의 주머니에서 나온 소지품들입니다.

작은 주머니칼이나 찢어진 손수건이야 평소 그의 검소함이나 소박함에 비추어볼 때 그럴 수도 있겠다는 생각이 들었습니다.

그런데 링컨의 주머니에서 나온 색 바랜 신문조각이 궁금했습니다.

대체 무슨 기사가 씌어 있길래 오랜 세월 동안 색이 바래도록 링컨 대통령은 주머니에 넣고 다니며 그렇게 관심 있어 한 것일까.

그 신문조각에는 다음과 같은 글이 씌어 있었습니다.

"링컨은 역대 대통령 중에 가장 훌륭한 대통령이다."

링컨은 그 기사가 실린 신문조각을 오려내어 주머니에 넣고 다니며 끊임없이 등장하는 반대자들이나 정적들로 인해 괴롭고, 고통스러움이 있을 때마다 틈틈이 그것을 꺼내 읽으며 용기와 위로를 다시금 충전했던 것입니다.

청찬과 격려는 죽는 그 순간까지 사람을 변화시키는 하나님의 또 하나의 손길입니다.

8. 영광의 주인공

2차 세계대전이 끝나고 영국 군인들이 사랑하는 고국으로 돌아오던 날, 아침부터 런던 거리에서는 전쟁에서 승리하고 돌아오는 군인들을 환영하기 위하여 수많은 시민들이 몰려들었습니다. 영국의 상, 하원 의원들과 귀족들이 새벽부터 길 양쪽에 자리를 잡고 기다리고 있었고, 영국 여왕이 자리에 앉자 마침내 영국 군인들의 개선 행진이 시작되었습니다.

그 행렬의 처음에는 육군이 앞장서고, 뒤를 이어 해군과 공군이 따르며 해병대가 지나갔습니다.

마지막으로 한 작은 부대가 입구에 들어서자 갑자기 영국 여왕을 비롯해 귀족들과 서민들이 모두 벌떡 일어섰습니다. 그리고 지나가는 그 작은 부대를 향해 한없이 박수를 칩니다.

그 작은 부대는 상이(傷痍) 군인들로, 전쟁터에서 싸우다가 팔과 다리를 잃어버리거나 눈, 혹은 몸뚱이 한 부분을 잃어버린 군인들로 이루어진 부대였습니다. 그들이야말로 개선 행렬의 진정한 스타들이었습니다.

이 땅에서의 모든 삶이 끝나고 역사의 주인이신 살아 계신 하나님 앞에 서는 그 날에는 앞의 상이 군인들처럼 예수님과 복음 때문에 고난을 받았던 사람들이 바로 주인공일 것입니다.

오직 너희가 그리스도의 고난에 참예하는 것으로 즐거워하라
이는 그의 영광을 나타내실 때에
너희로 즐거워하고 기뻐하게 하려 함이라 (베드로전서 4:13)

생각을 바꾸면

지은이 | 황대연
펴낸이 | 박영발
펴낸곳 | W미디어
등록 | 제2005-000030호
1쇄 발행 | 2009년 11월 7일
주소 | 서울 양천구 목동 907 현대월드타워 1905호
전화 | 6678-0708   팩스 | 6678-0309
E-mail : wmedia@naver.com

ISBN 978-89-91761-30-8   03230

값 10,000원